대한민국
초등학교1학년
학부모 되기

대한민국 초등학교1학년 학부모 되기

초판 1쇄 인쇄 · 2025년 2월 18일
초판 1쇄 발행 · 2025년 2월 24일

지은이 · 정해성
펴낸이 · 김화정
펴낸곳 · 푸른생각

편집 · 지순이 | 교정 · 김수란, 노현정 | 마케팅 · 한정규
등록 · 제310-2004-00019호
주소 · 서울시 중구 충무로 29 아시아미디어타워 502호
전화 · 031) 955-9111(2) | 팩스 · 031) 955-9114
이메일 · prun21c@hanmail.net
홈페이지 · http://www.prun21c.com

ISBN 979-11-92149-51-6   03370
값 16,800원

대한민국 초등학교1학년 학부모 되기

정해성

마중

책머리에

자식을 키우는 매 순간은 선택과 자책, 나와의 싸움의 연속이다. 특히 아이가 학교에 들어가기 전과 후, 그 시기에는 혁명적인 변화가 일어난다. 내 주변의 조카나 제자 중에도 이제 아이 엄마가 되어 초등학교에 입학하는 자녀를 보면서 투지를 불태우는 사람들이 있다. 대부분은 일을 하고 있는 직장맘들인데, 아이가 1학년 때는 휴직을 해서라도 아이를 뒷받침해야 한다며 전의를 다지고 있다. 가보지 않은 길이어서 다들 걱정과 두려움이 더 큰 듯하다.

동네 어린이집도, 유치원도 못 보냈기에 아이의 초등학교 입학을 앞두고 힘겨워했던 나의 과거를 떠올려보면서 그들에게 조금이라도 도움이 되지 않을까 싶어 이 책을 썼다. 지나고 나서 글 한 편 한 편을 읽어보니, 저 시간들을 어떻게 지내왔나 싶다.

대한민국을 전쟁보다 참혹한 위기로 몰아넣은 저출산의 원인에는 물론 경제적인 이유도 있지만, 그보다는 아이를 키우기 힘든 사회 문화적 환경이 중요한 이유이다. 아이들의 미래가 국가의 미래와 직결됨에도 불구하고, 저출산에 대한 실질적 대책이 현실과 유리된 듯하여 개인적으로 무척 안타깝다.

프랑스 니스를 여행할 때였다. 현지인 아이 엄마가 혼자 애 셋(돌이 안 된 아기, 3세, 4세 정도로 보이는 아이들)을 데리고 외출하면서도 대중교통인 버스를 타고 있었다. 엄마가 버스에 오르려 하니, 버스 안에 타고 있던 건강한 남자가 내려서 유모차를 들어 버스 안에 실어주었다. 남자의 호의에 아이 엄마는 딱히 고마운 표정이 아니었다. 당연하고 당당한 태도로 남자의 호의를 받았다. 버스 안 사람들은 자리를 양보하고, 아이들 안전을 배려하고 보살펴주었다. 역시 아이 엄마는 당연한 표정과 태도로 그 배려를 받아들였다.

단편적인 모습이지만, 저것이 저출산을 극복한 사회의 원동력이 아닐까? 사회적 제도도 중요하지만, 저런 사회 구성원들의 적극적인 관심과 태도가 중요하다. 아이를 키우려면 온 마을이 필요하다고 한다. 지극히 개인적인 내 경험과 생각들이 하나의 '의미의 물방울'이 되어, 보다 많은 사람들이 육아에 대한 관심을 가질 수 있으면 좋겠다. 아이는 어른의 뜻대로 자라지 않고, 어른의 뜻대로만 자라서도 안 된다. 어른들의 통제 욕망과 아이의 욕망이 부딪히는 육아의 현장에 부모뿐만 아니라, 아이를 키우는 데 필요한 '온 마을'이 함께 참여함으로써 미래에 보다 바람직한 공동체를 이룰 수 있기를 기원한다.

2025년 1월
정해성

차례

봄

3월 : 시작이 반이다
"초등 1학년 모든 사건의 50%는 3월에 발발한다"

4월 : 벌써 한 달
"끊임없는 미션 임파서블"

여름

5월 : 신나게! 활기차게!
"푸르른 나날, 푸르른 아이들"

6월과 7월
"날마다 새로운 소동"

가을

9월 : 재출발하는 2학기
"한 번 가본 길은 익숙하다"

10월과 11월
"못 말리는 우리 아들"

겨울

봄

3월 : 시작이 반이다

"초등 1학년 모든 사건의 50%는 3월에 발발한다"

1 어르고 달래며 치른 입학식

드디어 결전의 날, 입학식이 다가왔다. 전쟁이 마침내 시작된 것이다. 이 전쟁은 일회적인 것이 아니다. 짧게는 대학까지 16년, 길게는 평생 지속된다.

입학식 일주일 전부터 난 전쟁에 임하는 전사인 진우에게 학교 가면 지켜야 할 '덕목'들을 좔좔 읊었다. 지금까지는 네가 원하는 대로 행동했지만, 이제는 남들 특히 선생님이 원하는 행동을 해야만 사랑을 받는다. 네가 하고 싶은 것을 말하지 말고, 선생님이 시키는 것만 무조건 성실하게, 잘, 최선을 다해라. 남다르게 행동하지 말고 무조건 남들처럼, 친구들과 똑같이 말하고, 행동하고, 먹고, 입어라.

……한마디로 '너'로 살면 안 되고, '우리'로 살아야 한다는 것이다. 평소 교육관과는 정반대의 이야기를 난 아들에게 강요했다.

내가 뭐라고 하든, 어린 아들의 관심의 초점은 언제 입학식 마치고 집에 돌아와서 원하는 게임을 할 수 있냐는 것에 맞춰져 있었다. 아들은 입학식만 마치고 집에 빨리 돌아와서 게임을 하고 싶어 했다. 입학식이 끝나면 담임 선생님과의 시간이 있다는 것을 말해주니, 고개를 저으며 자기는 입학식만 마치고 집에 올 거라고 한다.

나는 아들의 사회화만이 지상목표인 대한민국 초등학교 1학년 학부형이다. 한 치의 망설임 없이 아들의 욕망을 꺾는다.

"지금까지는 네가 원하는 대로 했지만, 이제부터는 정해진 일정에 너를 맞춰야 해."

"왜요?"

모든 조직과 단체에는 규범과 규칙이 있다는 것, 그것을 구성원들이 지켜야만 단체가 유지된다는 것을 반복해서 이야기한다. 사회화가 덜 된 아들 때문에 불안해진 나는 좋지 않은 방법인 줄 알면서도 별수 없이 그리고 끊임없이 '강화'를 던진다. 어떤 행동을 하도록 하기 위해 보상이나 처벌을 하는 과정을 강화라 하는데, 쉽게 말해서 아들이 내가 바라는 대로 행동하도록 하기 위해 미끼를 던지는 것이다. 바라는 것이 많은 아들에게 미끼는 다양하다. 게임 칩, 기차 여행, 은행 통장 및 카드 발급 등등……. 수긍인지 체념인지 아들은 얌전히 학교로 간다.

교실에 들어선 아들은 새 책을 받고 즐거워한다. 책이 좋아서라기보다는 그냥 새 책이 좋아서이다. 어쨌거나 즐거워할 게 있으니 다행이다.

아이들 근처엔 많은 학부모들이 모여서 이런저런 이야기를 나눈다. 이미 같은 동네 어린이집과 유치원을 다닌 동창 사이라 다들 잘 알고 있는 눈치이다. 동네 어린이집도, 유치원도 다니지 않은 내 아들과 난 그야말로 이방인이었다.

입학식이 개최되는 강당으로 이동했다. 학부모들은 자기 아이를 잘 볼 수 있는 지점으로 맹렬하게 파고 들어간다. 다소 소극적인 난 아들이 식장에 앉아 있는 모습을 지켜볼 재주가 부족하다. 자유분방하고 에너지 넘치는 아들이 내심 불안했지만, 어쩔 수 없이 뒤에서 입학식을 지켜봤다.

입학식은 절도 있고 간결하게 진행된다. 교장 선생님과 운영위원장의 환영사, 그리고 재학생들의 가야금, 플루트, 바이올린 축하 공연이 있었다. 재학생들의 모습이 훗날 아들의 모습이려니 싶어

괜히 내가 다 뿌듯하다. 재학생들 공연을 여유 있게 지켜보고 감상했다.

저 앞에서 한 명이 자리에서 자꾸만 벌떡벌떡 일어선다. 자세히 보니 내 아들이다. 하. 하. 하. 그럼 그렇지. 그러나 다행스럽게 자리를 이탈하지는 않았다. 뒷자리에 앉은 아들은 입학식의 모든 것이 신기하고 궁금해서 뭐가 벌어지나 보려고 자꾸만 일어서고 있었다. 시키는 대로 가만 앉아 있지는 않았지만, 호기심의 발현이라 생각하니 내심 대견하기도 했다.

입학식을 마치고 교실로 향할 때, 언제나 앞에서 선생님의 손을 잡고 걸었던 유치원 때 버릇대로 아들은 자연스럽게 담임 선생님의 손을 잡고 교실로 향한다. 아들의 친화력을 과장해서 평가하며 엄마인 난 또다시 감동한다. 일희일비가 따로 없다. 아들의 행동에 혼자서 우주를 그리며 혼자 불안해하고, 혼자 감동한다.

선생님의 전달 사항을 아주 주의 깊게 듣고, 우리는 무사히 귀가했다.

누가 시작이 절반이라고 했나? 시작은 그야말로 시작일 뿐이었다. 집에 와서 안내문을 읽어보니 또 다른 전투가 우리를, 아니 나를 기다리고 있었다. 다름 아닌 준비물을 준비하는 일이다.

색연필 12색, 사인펜 12색, 크레파스 24색, 2B연필 네 자루, 지우개, 딱풀, 가위, 소리 나지 않는 필통, 수저통, 물통, 알림장, 또 다양한 공책들까지…… 그리고 모든 필기도구 하나하나와 소지품과 가방에까지 일일이 학번과 이름을 모두 다 써 붙여야 한다. 이것을 준비하는 것에만 무려 두 시간 넘게 걸렸다.

직장맘들은 도대체 이 모든 것들을 어떻게 준비할까 하는 오지랖 넓은 걱정까지 해본다. 그래서 초등학교 1학년 동안은 휴직계를 내고 아이를 뒷바라지한다는 말이 나오는구나.

입학한 아들보다 더 바쁘고 긴장된 하루를 보냈다. 벌써부터 이런저런 고민에 잠이 오지 않는다. 이것이 학교이고, 대한민국의 공교육이구나. 그나마 아들이 아직 어려서, 학교의 진정한 목적이 무엇인지 묻지 않으니 정말 다행이다.

학교의 목적은 '미래 사회를 선도할 창의적 인재'를 양성하는 것인데, 실제 학교에서 행하는 교육은 '선생님의 말만 잘 듣고', '남들처럼만 행동하게 하는' 것이다. 그 두 가지 사이에 무슨 관계가 있는 건지 아들이 묻지 않아서 천만다행이다.

탁월한 전문 교육 인재들이 바글바글한데, 왜 우리의 교육은 초등학교 1학년, 출발선상에서부터 목적과 행동을 일치시키지 못하는 것일까? 남원북철(南轅北轍)이라는 말이 있다. 수레의 끌채는 남쪽으로 향해 있는데, 바퀴는 북쪽으로 굴러간다는 뜻이다. 우리 교육도 그렇게 가고 있는 것 같다.

불안하긴 해도, '강화'라는 떡밥을 덥석 문 고기처럼 아들은 어쨌든 낚싯줄에 끌려가기로 작정한 모양이다. 나중에 더 싱싱한 고기를 얻기 원하는 난, 그 줄을 잘 조절하고 관리해야 함을 알고 있다. '잘 할' 수 있을까? 나도 그리고 아들도…… 그리고 '잘 하는 것'이 정말 '잘 하는 것'일까?

2 좌충우돌 수업 첫날

오늘이 사실상 개학 첫날이다. 나와 아이는 아침 일찍 일어나서 각자 학교 갈 준비를 한다.

난 야행성이다. 별 일 없으면 오전 중엔 결코 일어나지 않았다는 데카르트가 나의 롤모델이다. 근대 철학의 아버지 데카르트는 말년에 스페인 왕녀의 개인 과외 교사가 되었다. 왕녀의 수업은 새벽 6시부터 시작되었다. 그리고 데카르트는 한 달 만에 사망했다. 사망 원인에 대해서는 의견이 분분한데, 나는 새벽 6시에 시작하는 과외 수업이 원인이었을 거라고 굳게 믿는다. 200% 공감되는 일화이기 때문이다. 나 역시 좀 일찍 일어나서 움직인 날들이 3일만 지속되어도 천국이 가까워지는 기분이다.

그런 내가 무려 아침 7시에 기상해서 샤워하고 곱게 단장을 한다. 한 달, 3월만이라도 아들의 등하교를 함께하고 싶어서이다. 이건 내가 모성애가 지극해서가 아니다. 등교하는 아들에게 좋게 말하면 당부, 사실대로 말하자면 협박을 할 필요가 있기 때문이다.

아들에게 큰 문제가 있는 건 아니다. 좀 활발하긴 해도 ADHD를 염려할 만큼 산만하지도 않다. 가끔 다툼은 있지만 친구들을 때릴 만큼 폭력적이지도 않다. 나름 눈치도 좀 있는 편인지라 누울 자리를 보고 다리를 뻗는 스타일이다. 관심 분야엔 놀라울 정도의 집중력도 있다.

그러나 문제(?)는 자기만의 욕망과 주관, 개성이 너무 뚜렷하다는 점이다. 아들의 욕망과 주관 그리고 개성이 학교의 규범과 일치하기까지는 바라지 않더라도 상충되지만 않으면 좋겠다. 아무런 문제가 없을 수도 있겠지만, 당연히 그럴 수가 없다. 아들은 이미 다섯 살 때 유치원, 그것도 영어유치원에서 쫓겨난 전적이 있다. (일반 유치원에 보내고 싶었으나, 인구 조밀 지역에서 일반 유치원에 보내려면 새벽부터 줄 서야 하고, 추첨도 거쳐야 한다. 줄도 서고 추첨도 했으나 모두 다 떨어졌다. 결국 우리가 보낼 수 있는 곳은 영어유치원밖에 없었다.)

만 여섯 살이 되어서야 아들은 유치원을 다녔고, 약간의 자기 통제력을 가질 수 있게 되었다. 물론 자신이 이해하고 용납되는 범위 내에서만 스스로 통제했다. 그래도 이른바 타협이 가능했다.

그러나 초등학교에서 하는 교육들이 아들의 욕망과 꼭 맞을 것이라고, 특히 담임 선생님께서 아들의 욕망에 맞춰 가르쳐주실 것이라고 기대할 수는 없다. 최소한 아들의 욕망을 긍정적으로 받아들여줄 거라는 기대도 할 수 없다. 학교의 가르침과 아들의 욕망이 상충될 때, 아들은 과연 자신의 욕망을 접고 학교의 규범과 의지에 순응할 것인가?

당연히 그러지 않을 것이다. 내 아이는 그럴 정도로 성장하지 못했다. 그러나 선택의 여지가 없다. 아들은 무조건 자신의 욕망을 접고 학교의 규범과 규칙에 순응해야 한다.

아들을 학교에 데려다주면서, 나는 지금까지 하던 대로 문답 방식을 통해 아들을 통제하려 했다. 그리고 선생님 말씀 잘 듣고, 친구들이랑 사이좋게 지내겠다는 다짐을 받았다. 불안하기 짝이 없지만, 어쩔 수 없이 집으로 돌아왔다.

네 시간이 지났다. 아들을 데려오기 위해 다시 학교에 도착했다. 복도에서 서성이는 나를 본 선생님께서 급식을 도와달라고 하신다. 밥을 더 먹겠다고 나오는 아이들에게 밥과 반찬을 더 퍼주었다.

평소 먹는 것에 관심 없는 아들을 키워온 터라 식판을 깨끗하게 비우고도 더 먹으려고 하는 아이들이 놀랍기만 하다. 예상한 대로 내 아들은 먹는 것에 관심이 없고, 나에게 미소를 보내고 있다.

　선생님은 내가 누구의 엄마라는 걸 알고는, 바로 그날 아들이 저지른 '비행'을 다른 아이들이 못 듣도록 귓속말로 얘기해준다. 머리에 손만 얹으면 대략난감, 어이상실의 의인화가 될 것 같은 선생님의 표정만으로도 상황을 알 수 있었다. 선생님께서 나에게 아들의 잘못을 전달하는 이유는 아들이 제대로 사회화되려면 부모의 협조가 필요하기 때문이다.

　사건의 요지는 다음과 같다. 선생님의 분필꽂이에 제대로 꽂힌 아들은 호시탐탐 분필꽂이를 만지려 시도했고, 결국 만졌다. 선생님은 아들을 야단쳤고, 야단을 맞은 아들은 불안감을 행동으로 표출했다.

　"분필꽂이가 망가졌으니, 망가뜨린 사람이 사 와야 해요."

　"홈플러스에서 사 오면 돼요."

　아들은 나름대로 불안한 마음을 표현한 것이고, 또 선생님의 문제 제기에 대안을 제시한 거였지만, 선생님 입장에서 보면 분위기 파악 못 하고 당돌한 대답을 한 아동일 뿐이었다.

　선생님의 입장도 이해가 되고, 아들의 행동도 이해가 된다. 그러나 선생님께 아들을 이해해달라고 요청할 수 없었다. 정답은 아니지만, 해답은 하나밖에 없다. 또 야단과 협박이다.

　"선생님이 왜 분필꽂이를 사 오라고 말씀하셨겠니."

"……."

"앞으로 선생님 물건을 만지지 말라는 뜻이야."

"……."

"그러니까 만지지 말라고 하셨을 때 무조건 따랐어야지."

그렇게 윽박지르고, 선생님께 정식으로 사과하게 했다. 또한 선생님 말씀을 잘 듣는 것이 학생의 당연한 의무라고 강조했다.

의무를 다하지 못하면 권리도 누릴 수 없다. 그러니까 그날 아들이 부탁한 이것저것 중 그 어느 것도 들어주지 않았다. 그날 하루 종일 틈만 나면 선생님의 말씀에 순종하지 않은 아들의 행동을 반복해서 야단쳤다. 그리고 아들에게서 앞으로 선생님 말씀 잘 듣겠다고 다짐하는 말을 반복해서 들었다.

아들의 행동 교정을 위해서라는 명분이었지만, 실제로는 나의 불안을 해소하기 위해서였다. 생각해보면 학교에서 일어난 사건이 이렇게까지 야단칠 일인가 싶다. 그러나 이미 문제가 발생하고 난 뒤에 하는 고민은 사치일 뿐이다. 나름의 대안으로 아들에게는 선생님의 분필꽂이와 비슷하게 생긴 지우개를 사줬다.

지금까지 나의 교육관은 '남들에게 칭찬받는 아이로 키우지 말자'였다. 우리는 아들의 욕망과 주관을 남에게 민폐를 끼치지 않는 범위 내에서 가능한 한 많이 들어줬다. 보통 남들에게 칭찬받는 아이는 말 잘 듣는 아이, 어른이 시키는 대로 행동하는 아이이다. 남편도 나도 아들을 순종적인 아이로 자라게 하고 싶지는 않았다.

　결과적으로 남들보다 사회화가 늦어지긴 하였지만, 부분적으로라도 말이 통하고 이해를 시킬 수 있는 만 여섯 살이 되니 아들의 욕망은 상당히 조절과 통제가 가능해졌다.

　최악의 경우 홈스쿨링도 각오했지만, 여섯 살이 되어 유치원에도 가고, 적응 비슷한 흉내를 내는 것을 보며 조금씩 낙관하게 되었다. 나로서는 오늘 일어난 일도 괜찮았다. 더 나쁜 일이 일어날 수도 있다고 각오했던 것에 비하면 오늘 일은 아주 가벼운 문제였다.

　물론 오늘 야단맞은 게 내 아이뿐이었을 수도 있고, 다른 아이들에 비해 적응이 힘들다고 할 수도 있다. 그러나 아들은 단지 몰랐을 뿐이다. 조금 시간이 흘러 아들 스스로 학교에 적응하게 되면 더 괜찮아질 것이라는 희망 또한 가져본다.

　오늘도 여전히 잡다한 준비물은 끊임없이 나온다. 갑휴지, 물휴지, 휴지, 소형 청소도구 등 알림장에 적힌 여러 가지를 챙겨주었다. 같이 1학년 학부모가 된 주변 지인들끼리 1학년 학부모의 고충을 나누기도 했다.

　하굣길에 하루 동안 배운 여러 가지를 아들에게 물었다. 오늘 뭘 배웠는지 물었다는 나에게, 남편이 질문을 바꾸어보라고 충고한다. '뭐가 제일 재밌었냐?'고 물어보라고 한다.

결과는 동일하다 하더라도 엄마는 아들에게 배운 내용을 체크할 것이 아니라, 학교에서의 즐거움을 나눠야 한다. 100% 공감한다. 초등학교 1학년에게 학교는 배움의 공간이라기보다는 놀이의 공간 이자 즐거움의 공간이어야 한다. 그러나 현실은 과연 그럴까? 만약 그렇지 않다면 그 원인은 도대체 무엇일까?

3 학교는 배우는 곳인가, 점검하는 곳인가

일곱 살 아이를 초등학교에 보내는 심정은 군대 보내는 심정과 비슷하다. 매일매일이 전투이다.

오늘은 어제 수없이 반복해서 학습시킨 것들을 제대로 실천할 수 있을지 없을지가 관건이다. 선생님 물건 만지지 말 것, 선생님 말씀 잘 들을 것, 급식 남기지 말 것 등이다. 잘 하겠다는 다짐을 받 고 학교에 들여보내기는 했지만, 종일 불안하기는 어제보다 더하 다. 어제는 근거 없는 믿음이라도 있었는데, 오늘은 그나마도 없다.

하굣길 데리러 가니 아직 종례도 안 했는데 아들이 복도로 뛰어 나온다. 아들은 걸어서 얌전히 나오는 법이 없다. 저렇게 뛰어다니는데 체육대회 때 달리기 못하면 가만 안 둘 참이다.

　주변 보호자들의 증언에 의하면 진우가 제일 먼저 밥 먹고 나왔다고, 어쩌면 밥을 그리 잘 먹느냐고 칭찬이 대단하다. 밥을 잘 먹었을 리가 없고, 적게 받아서 재빨리 먹었구나 싶었다. 아닌 게 아니라 김치와 밥만 받아서 다 먹었다고 한다.

　선생님 말씀 잘 들었냐고 물어보니 99% 잘 들었다고 한다. 1%는 뭐냐고 물었다.

　"선생님 분필꽂이를 눈으로만 봐야 하는데, 만지려고 했어."

　눈에 선하다. 선생님한테 딱 걸려서 원하는 바를 이루지 못한 것이다. 그래도 상당한 성과다 싶어서 일단은 기분이 좋다.

　사건 하나가 더 있었다. 밖에서 조례를 하고 다들 교실로 들어와 앉았는데, 아들만 밖에서 혼자서 놀다가 10분 늦게 들어왔다고 한다. 그리고 선생님께 이야기할 때 문장을 정확하게 끝맺지 않는다고 한다.

　물론 내 아들이 제대로 못 한 것은 사실이다. 그러나 내가 볼 때는 잘한 것은 아니어도, 그럴 수 있는 문제로 여겨진다. 운동장 놀이터만 보면 더 놀고 싶을 때이고, 선생님께 편하게 자기 이야기를 할 만큼 시간이 지나지 않았다. 특히 어제의 야단으로 아들은 선생님이 어려울 때다.

　학부모의 입장에서는 그런 부족한 부분들을 교정받기 위해서 학교에 보내는 것이 아닐까 싶다. 물론 학교의 입장에서는 그런 것들은 아이가 집에서 전부 다 익혀 와야 하는 거 아닌가 생각할 것이다. 가정이나 유치원에서 단체 생활이 요구하는 사항들을 다 익힌 다음, 학교에서는 그것을 체크하고 확인하는 것이다.

아이가 가져온 알림장을 보고 또 한 번 놀란다. 준비물이 아이의 글씨로 쓰여져 있었다. 어제는 첫날이어서 선생님께서 프린트해서 붙여주셨는데, 오늘은 예닐곱 개의 품목이 아이의 글씨로 개발괴발 적혀 있었다. 그 가운데는 파일꽂이 같은 난이도가 좀 있는 단어도 눈에 보인다.

읽기는 스스로 배웠기에, 쓰기는 학교에서 배우라고 전혀 가르치지 않았다. 그러나 요즘에는 한글 정도는 이미 모두 다 익혀서 오기 때문에 학교에서 가르치지 않는다는 것이다. 그래도 다급하게 아이에게 가르칠 생각이 없다. 받침 어려운 거랑 이중모음을 조금 헷갈릴 뿐이지 나머지는 대충 한다. 복잡한 쓰기는 이래저래 학교에서 선생님께 혼나면서 시간 들여 익히는 거라고 생각한다.

누군가가 내게 이야기했다. 대한민국에서 시기 적절하게 살아가는 방법은 그 누구도 가르쳐주지 않는다고. 학창 시절, 청년 시절, 중년과 노년…… 모두 만만한 시절이 없지만, 인생 전 시기에 걸친 솔루션은 스스로가 알아서 습득해야 한다고 한다.

다들 인생은 한 번밖에 없어서 하루하루가 낯설기 마련이다. 해본 적이 없고, 가본 적이 없기에 우리는 항상 불안하다. 그 불안을 사회는 해결해주지 못한다. 해결은커녕 불안을 더 가중시킨다.

아이를 초등학교에 보낸 학부모가 하루하루를 전투라고 인식하는 원인도 이런 사회구조에 있는 것 같다. 아이가 난생처음으로 단체에 소속되어 규칙을 익히게 되는데, 학부모로서 내가 학교라는 교육기관을 전폭적으로 신뢰하지 못한 이유가 바로 저것이다. 각자가 자신만의 솔루션을 스스로 찾아 익혀야 한다는 현실에 나는 그저 막막하다.

내 아이는 사회화가 불완전한 상태로 학교에 가게 되었다. 사회화를 이룰 방법을 전혀 알지 못했다. 따라서 아이의 학교 생활은 힘겨울 수밖에 없다. 빈곤이든 무지든 그 원인으로 개인의 무능력을 탓하는 것이 대한민국의 일반적인 상식이다. 사회의 제도나 구조에 그 원인을 돌리지 않는다.

그런 의미에서 지금 아들이 겪는 어려움은 전적으로 아들과 나 그리고 남편의 잘못인 것이다. 이런 사실과 현실이 난 인정하기가 힘들고, 나아가 노엽기까지 하다.

4 준비물로 알게 된 획일화의 원인

　하루도 바람 잘 날이 없다. 오늘은 파일 때문에 또 문제다. 어제 파일과 파일꽂이를 가져오라고 한 가정 통신문을 받고, 한참 고민했다. 학교에서 이야기하는 파일과 파일꽂이의 실체를 파악할 수 없어서이다.

　아들을 학교 보낸 후 느낀 것인데, 초등학교에는 그 세계에서만 통용되는 나름의 '전문용어'들이 있다. 핸드폰으로 단체 문자가 전송되는 경우도 있는데, 국어 선생인 내가 여러 번 읽어도 도대체 무슨 뜻인지 정확하게 파악하기가 힘들다. 알림장 및 인쇄된 안내문 또한 마찬가지다.

　암튼 오늘은 파일과 파일꽂이가 뭘 말하는지 잘 파악이 안 된다. 파일의 종류는 그야말로 천차만별이다. 파일꽂이도 어떤 것을 가리키는지 알 수가 없었다. 그래서 그냥 내가 가지고 있는 비닐 내지로 구성된 회색 파일과 그에 어울리는 은색 파일꽂이를 보냈다.

　오늘 내가 보낸 파일이 다시 되돌아왔다. 파일에 대한 해석이 틀려서는 아니었다. 정말 놀랍게도 다른 아이들이 가져온 파일과 색깔이랑 크기가 다르다는 이유에서였다. 아이들은 원색이나 파스텔톤 파일과 플라스틱 파일꽂이를 가져오지만, 내 아이는 무채색 파일에 철제 파일꽂이를 준비해 갔기 때문이다.

도대체 이 학교라는 사회는 이해를 하려고 해도 내 능력으로는 이해할 수가 없다. 말, 행동 방식 심지어 개인 소지품조차도 남과 다른 걸 결코 용납할 수 없다는 저 폐쇄적 조직에서 무슨 교육이 가능하다는 것일까? 그나마 남자아이는 하늘색, 여자아이는 핑크색으로 지정하지 않은 것만으로도 다행으로 생각해야 하는 것일까?

이 사안을 도저히 이해할 수도 동의할 수도 없어서, 초등학교 교사로 있는 지인들에게 물어봤다. 그들의 의견에 의하면 담임 선생님이 개인적 취향으로 획일화된 파일과 파일꽂이를 고집하는 것이 아니라고 한다. 담임 선생님 역시 '환경 미화'라는 미명하에 교장 선생님께 심사를 받기 때문이라고 했다. 그때 가지런하고 질서 정연하게 보이기 위해서는 획일화된 제품을 요구할 수밖에 없다는 것이다. 그 말을 들으니 일단 이해가 된다. 결국 상급 관리자의 마인드가 중요하다는 것이다.

그러고 보니 이해가 되지 않지만 이해해줘야 하나 싶은 일이 또 하나 더 있다. 학교에는 스마트뱅킹이라는 편리한 납부 제도가 있었다. 우유 급식비나 방과 후 학교 등의 비용을 거둘 때 자동이체를 걸어두고 일률적으로 거둘 수 있는 아주 효율적인 제도이다.

3월 2일(월) 입학식 가정 안내문에서 스마트뱅킹 신청서를 배부하면서, 3월 6일(금)까지 담임 선생님께 제출하라고 했다. 은행은 ○○은행으로 지정되어 있었다. ○○은행 계좌가 없는 나는 3월 3

일(화) ○○은행 계좌를 개설하였고, 3월 4일(수) 아들을 데리러 가면서 제출하려고 준비해뒀다.

그런데 3월 4일(수) 오전 10시 30분쯤 담임 선생님으로부터 전화를 받았다. 발신자 표시 화면에 담임 선생님이 뜨는 순간, 또 무슨 일이 생겼나 싶어 순간 긴장했다. 선생님의 용건은 스마트뱅킹 신청서를 제출하지 않아서 '깜짝 놀라' 전화를 걸었다는 것이다.

전화받는 내가 '깜짝 놀랐다.' 3월 6일까지 제출해야 하는 서류를 제출하지 않았다고 독촉 전화를 받는 사실 자체가 이해가 안 되었고, 내가 그것을 제출하지 않았다고 해서 깜짝 놀랐다니, 이건 또 뭔가 싶었다. 독촉 전화는 마감일이 지나서 하는 게 상식 아닌가? 그래도 한 치의 오차를 허용하기 싫은 성격이라면 독촉 전화까지는 십분 이해할 수 있지만, 깜짝 놀랐다는 건 이해가 되지 않는다. 평소 난 대범한 편이고, 대충대충 잘 넘어가는 스타일인데, 아이를 학교에 보낸 일주일 내내 뭔가 맘이 불편하다.

어쨌거나 아이의 하굣길 데리러 가면서 제출하겠다고 해명하고, 그날 오후에 제출했다.

더 놀라운 것은 그다음 날인 3월 5일(목)에 발생했다. 아들이 급식을 먹고 나오기를 기다리다가, 같은 반 남자아이의 어머니께서 빵과 스마트뱅킹 신청서를 선생님께 제출하는 것을 보게 되었다. 그 어머니 말씀에 의하면 스마트뱅킹 신청서를 제출하지 않아서 담임 선생님이 재촉 전화와 함께 벌로 빵까지 사 오라고 시키셨다는 것이다. 그리고 담임 선생님께서 그것이 마지막 신청서라며 그간 모아둔 반 전체의 신청서를 그 어머니에게 주면서 행정실에 제출하고 오라고 심부름까지 시킨다. 하명을 받은 학부모는 행정실까지 서둘러 가고 있었다.

집에 와서 다시 한번 더 확인해보니, 역시 마감일은 하루 뒤인 3월 6일(금)이었다. 독촉 전화, 벌빵, 심부름…… 뭔가 이해가 되지 않았다. 그런데 이것도 하나하나 상급자에게 관리받고 인정받아야 하는 실무자들의 비애려니 싶다.

어쩌면 아이를 학교에 보내고 자유 의지를 가진 한 개인이 아닌, 국가의 백성인 국민으로 재탄생되는 것은 학생뿐만은 아닌 모양이다. 학부모들까지도 역시 획일화되고 평균화된 사고방식으로 훈련될 듯하다. 아이를 학교에 보내면서 학부모가 배워야 하는 것은 체념하는 법과 이해 안 되더라도 무조건 외워야 하는 현실을 수용하는 법이다. 1년 후 내 몸엔 사리가 엄청 생겨, 부처가 되는 건 아닐까.

5   칭찬 없는 일주일,
      칭찬은 고래도 춤추게 한다는데

아이가 학교에 알림장을 두고 왔다. 알림장에는 언제나 준비물
이 적혀 있게 마련인데, 월요일 준비물을 알 수가 없다. 다른 안내
문들이 있어서 사진 사용 동의 신청서는 제출하였다. 그러나 아이
의 알림장을 보지 못해 불안하다. 뭘 또 못 챙겨 가서 아이가 선생
님께 지적당하는 것은 아닐지, 그것이 걱정된다.

알림장은 아이의 준비성을 체크하기만 하는 것이 아니라, 아이
에 대한 부모의 관심도가 체크되는 부분이기도 하다. 나도 아이와
학교에서 돌아오면 가방부터 열어 과제와 다음 날 준비물을 꼼꼼
하게 챙긴다. 나도 학교 다닐 때 어쩌다가 준비물을 챙겨 가지 못해
선생님께 지적을 받으면 불안했고 창피했었다. 안 그래도 낯선 학
교에 적응하느라 하루하루가 고달플 아이에게 불안감까지 느끼게
하고 싶지 않았기에 준비물을 늘 챙겼다.

우리가 학교 다닐 때는 알림장이란 노트가 없었다. 그냥 선생님
께서 준비물을 가져오라고 하면, 우리가 기억해서 챙겨 가지고 갔
다. 초등학교 1학년 때는 딱히 준비물이란 것이 없었다. 나왕, 톱
밥, 조개, 돌 등의 물체가 들어 있는 '물체 주머니'를 사 오라, 체육
복 입고 오라, 그 정도 외엔 별다른 준비물이 없었던 것으로 기억된

다. 지금도 시골 초등학교엔 준비물이란 것이 없다고 한다. 국가 지원이 많아서 교사가 모든 것을 준비한다고 한다.

도시 초등학교에서는 교실에서 사용되는 비품인 갑휴지와 두루마리 휴지, 자기 자리를 쓸 빗자루와 쓰레받기까지 모두 다 각자 준비해야 한다. 알림장 준비물 말고도, 아이의 소지품에 항상 이름표는 달려 있는지 확인해야 하고 물통과 수저통을 매일매일 챙겨야한다. 금요일에는 실내화를 챙겨 와서 빨아 가야 한다. 물론 그것도 부모의 일이다.

전업이 아닌 학부모로서는 만만찮은 일들이다. 학교는 아이가 다니는데, 학부모가 해야 하는 것들이 많아도 너무 많다. 이래서 아이가 초등학교에 입학하는 때에 직장맘들은 1년 휴직계를 내기도 한다. 그러다가 직장으로 돌아가지 못하면 경력이 단절되는 것이 대한민국 엄마들의 현실이다.

팔순이 가까운 아이 할머니께서 당신은 도저히 아이의 준비물을 챙겨줄 수 없었을 것이라고 한다. 공감한다. 공사다망한 나 역시 힘에 부친다. 알림장에 적히는 수많은 준비물들은 대한민국 학부모들에게 열혈 학부모가 될 것을 부추긴다. 아이에게 집중하지 않으면, 아이가 수업에서 낙오될 것 같다는 불안감 또한 가지게 한다.

학교 준비물은 학교 앞 문방구점에서 아이가 직접 사고 챙길 수 있는 것들로 구성되어야 한다. 그래야 부모가 안 챙겨도 되고, 아이는 자기 준비물을 스스로 자기가 챙기는 자율적인 아이로 자랄 수 있게 된다.

일주일을 보내면서 한 가지 유감스러운 것은 선생님으로부터 아이에 대한 칭찬을 단 한마디도 듣지 못했다는 것이다. 담임 선생님께서는 나와 눈만 마주치면 항상 오늘 진우가 어떤 잘못을 저질렀는지만 이야기한다. 그리고 그런 점들을 가정에서 고쳐달라고 나에게 또 아이 할머니께 부탁한다. 아이가 개구쟁이이니 어쩌면 당연한 일이기도 하다.

한편으로는 이해도 된다. 그러나 다른 한편으로는 무척 아쉬운 점이기도 하다. 내가, 내 아이가 지적을 받아서만은 아니다. 그런 것쯤은 아무것도 아니다. 내가 아쉽고 유감스럽게 생각하는 부분은 바로 선생님들의 마인드이다.

천방지축 아이를 학교에 보낸 학부모는 학기초에 그야말로 노심초사이다. 침소봉대라고, 교사의 사소한 지적 하나하나가 부모의 맘을 지옥으로 만든다. 때문에 어떻게 해서든 아이를 다른 아이와 같이 선생님의 말씀을 잘 듣는 아이로 만들기 위해 특단의 조치를 취하게 된다. 항상 칭찬과 격려로 일관하던 7년간 나의 양육 방식은 한순간에 무너졌다. 난 나의 태도가 잘못된 줄 알면서도 아이를 야단치고 협박했다.

학교에서 벌어지는 모든 일들은 선생님의 관리하에 해결되어야

옳다. 물론 학부모에게 협조를 요청할 수 있다. 그러나 학교에서 학생이 잘못된 점을 교정하는 주된 역할은 분명 교사의 것이다. 그런데 지금까지로 봐서는 완전히 반대이다. 아이 태도의 잘못은 집에서 다 고쳐 와야만 하고, 한글 글쓰기 맞춤법 등등 역시 집에서 전부 다 익혀가지고 와야만 한다. 학교는 그냥 체크와 관리만 한다.

이것이 초등학교의 현실이다. 당해보지 않고서는 결코 알지 못하고, 당한 자들은 개선의 방법을 알지 못한다. 그러고도 교육 당사자들은 창조적 인재를 기르기 위해 최선을 다한다고 자부한다……. 이것이 우리가 당면한 불편한 현실이다.

6 그리기 과제와 학부모의 역할

아이의 등굣길을 어머니께 부탁드렸다. 어차피 교실까지 데려다주기만 하면 돼서 굳이 내가 가야 할 이유가 없었기 때문이다. 등굣길을 함께하는 것은 아이가 학교 생활에 적응하는 데 별 도움이 되지 못했다. 그 대신 하굣길은 아이의 하루를 듣기 위해서, 그리고 아이와의 교감을 위해서 내가 담당하기로 했다.

오늘도 급식 마칠 시간쯤에 맞춰 학교를 가니, 아이가 복도에서 나를 기다리고 있었다. 오늘 자신은 선생님의 말씀을 100% 잘 들었다는 것이다. 네 시간 모두 잘 들어서 400%, 거기다 급식 또한 남기지 않았으니 450%라고 자랑한다. 한 주 동안의 수많은 사건에도 불구하고 아이는 자기다움, 즉 생기발랄하고 활달한 패기를 유지하고 있다.

그러나 선생님께서 날 보자마자, 아이가 오늘 '같은 달에 태어났어요'를 안 가져왔다고 교실에 있는 모든 사람들(다른 학생들, 급식을 도와주는 학부모들)이 다 듣게 큰 소리로 말씀하신다. 또 무슨 일인가 싶었다. 알고 보니 500원짜리 동전 크기의 아이 사진과, 지름 4센티미터의 원에 아이의 장래 희망, 좋아하는 것, 잘하는 것을 적어 오라고 알림장에 적혀 있었다. 금요일 알림장을 안 가져왔기에 벌어진 일이다.

450%라고 자랑한 아이의 목소리는 한순간에 빛이 바랬고, 자기가 알림장을 안 챙겨가지고 갔다고 잘못을 시인한다. 게시판을 보니 아이들의 꿈과 기호가 해바라기 꽃으로 만들어져 같은 달에 태어난 아이들끼리 그룹으로 붙어 있다. 정말 내 아이만 안 가져왔다. 그런데 이것이 왜 준비물 항목에 들어갔나 싶다. 그 많고 기나긴 수업 시간에 아이들이 충분히 만들 수 있는 정도의 공작이다. 그러나 별수 없이 난 집에 돌아와서 콤파스를 구입해 정확하게 원형을 만들어서, 아이의 파일에 넣어두었다.

게다가 선생님께서는 아이가 그린 그림을 바로 가지고 와서 내게 보여준다. 정말 동작 빠르시다.

내 아이는 그림을 정말 못 그린다. 유치원에서도 전화를 받은 적이 있다. 색칠을 제대로 하지 않는다는 것이다. 난 왜 대한민국 국민 전체가 똑같이 색칠을 잘해야 하는지 이해 안 된다. 아이를 내버려두라고, 그냥 고등학교 졸업할 때까지 미술은 빵점 받으면 된다고, 뭐가 문제냐고, 항상 그렇게 대응했다.

담임 선생님께서는 가족을 그리라고 하니 이렇게 그렸다고 아이가 그린 그림을 보여준다. 내가 보니 아들이 지금까지 그린 그림들 중에 가장 잘 그렸다. 엄마, 아빠, 진우, 할머니, 할아버지 순으로 무려 다섯 명이나 되는 가족을 한 사람도 빠짐없이 골고루 다 그렸다.

스케치 자체는 나름 장 미셸 바스키아 스타일로 부분 과장과 축소가 나타난 원초적 형태이다. 색 또한 형태에 따라 구분하지 않고, 몸통 부분과 머리 부분을 단순화시켜 동일한 색깔로, 그것도 대충 형태를 덮는 형식으로 색을 더했다.

기존 관점에서 보면 부족한 점이 많기는 하지만, 아이는 나름 과제를 충분히 수행했다고 할 수 있다. 나아가 솔직히 난 아이 그림의 독창적인 스타일이 맘에 든다. 나름 완성작인 아이의 작품을 왜 내게 보여주나 싶었다.

선생님께서는 뒤 게시판에 붙일 건데, 집에서 더 고쳐 오겠냐고 묻는다. 단호하게 고개를 젓고, 그림의 독창적 가치를 설명하는 대신 내 아이는 원래 그림에 흥미가 없고, 아이 실력 아닌 그림을 전시하는 것에 동의할 수 없다고 말씀드려 상황을 대충 마무리했다.

선생님께서 학교에 온 김에 화분을 좀 옮겨달라고 한다. 큰 화분 작은 화분 대충 합쳐 열 개 정도가 있다, 선생님 혼자서 옮기고 물 주고, 다시 옮겨두기엔 과하다. 그러나 식물 키우기까지도 학교 관리자의 방침인지, 선생님께서 담당하고 키우시는 듯하다. 책 두세 권도 제대로 못 드는 내가 화분 열 개를 다 옮겼다.

여자도 약하고, 엄마도 약하지만, 학부모만큼은 강하다. 이러다가 학부모인 내가 교실 청소하는 날이 멀지 않은 듯싶다. 아이가 학교에 간 이후 하루하루가 다 낯설다. 무사히 넘어가는 날이 없다. 학교는 아이가 갔는데, 왜 학부모가 심신이 고단한지 알 수 없다.

7 소강상태, 평화의 시대

입학한 지 1주일이 넘은 월요일 이후 평화의 시간, 황금시대가 지속 중이다. 대충 분위기를 파악한 아이는 별다른 문제를 일으키지 않고 학교에 잘 다닌다. 선생님께서도 아이가 대충 파악이 되었는지, 아이의 행동이나 말을 더 이상 문제 삼지 않으신다.

체육 시간에 조를 짜서 경기를 했는데 3등 했다며 무척 안타까워하는 등, 학교 수업에도 몰입하는 듯 보인다. 아이가 생각보다 적응을 잘 한다.

난 입학하자마자 아이가 ADHD가 의심된다는 말을 당연히 들을 것으로 각오하고 있었다. 그러나 아직까지 그런 말이 들리지 않는 것은 물론이고, 첫날만 좀 말썽이었지 사회화라는 것이 이미 이루어진 듯싶다. 그래서 남편은 원래의 계획을 수정해서, 학년 대표는 물론 반 대표도 안 하는 것으로 결정했다.

아이가 개학병이라고 하는 눈병에 걸렸다. 아들은 아픔을 아주 잘 참는다. 어려서 넘어져도 울지 않고, 다치거나 아프거나 해도 울지 않았다. 그러나 정말 이상하게도 병원에서 남에 의해 몸이 다루어지는 것을 비정상적으로 싫어한다. 안과는 한 번도 가본 적 없는데, 그냥 무조건 싫어한다.

집에 도착하자마자 안과 안 가겠다고 고집을 피운다. 이럴 땐 몇 개의 미끼를 던져놓고, 그냥 혼자 내버려두는 것이 상책이다. 병원에 안 가면 닌텐도 게임도 못 하고, 칩도 안 사줄 거고, 주말에 남해도 못 가고 등등, 그동안 네가 누려온 모든 혜택은 사라진다, 그러나 병원 가면 모든 것을 다 할 수 있다고 말한 후 선택은 네가 해라, 이러고 대응을 하지 않았다.

혼자서 피아노방에서 병원에 가니 안 가니 하더니 5분 만에 나타나서 병원 갈 거라고 한다. 유튜브에서 함께 안과 진료 장면을 찾아보고 아이는 안과 진료가 별것 아니라는 확신을 가진 후 집을 나섰다. 결국 무사히 진료 잘 받고, 안약을 사서 집으로 돌아왔다.

눈병에 걸려도 과제는 해야 한다. 담임 선생님께서 고맙게도 책 읽기를 많이 강조하신다. 반 전원이 1학기 동안 읽을 책 권수를 포스트잇에 적어서 학급 게시판에 게시해두셨다. 아들의 포스트잇을 찾아보니 무려 50권이나 읽겠다고 한다. 알림장에도 늘 책 읽기에 대한 과제가 나온다.

일단 집에 있는 책인 슈바이처 전기부터 시작했다. 하루에 한 권을 다 읽고 감상문을 쓰는 것은 무리일 것 같아 몇 부분으로 나눠서 읽었다. 그리고 그 부분에 대한 줄거리를 요약 정리하게 하고, 감상을 아이에게 물으며 생각을 정리하는 것을 도와주었다.

감상문 적는 것이 과제는 아니다. 다만 쓰기를 제대로 익히지 않고 보냈기에, 아이는 맞춤법도 글씨체도 반에서 제일 엉망이다. 한글 쓰기를 좀 더 빨리 익히는 하나의 방편으로 독서 감상문을 선택했다.

숙제라고 이야기하니 아이가 별 거부감 없이 감상문을 잘 쓴다. 아직 줄거리 요약도 감상을 쓰는 것도 불가능한지라, 요약하는 법을 가르쳐가며 같이 한다. 못하지는 않는데, 탁월하지는 않다. 더불어 아이가 연기가 좀 된다는 것을 깨달았다. 직접 인용 부분을 읽을 때, 가르치지도 않았는데 등장 인물의 나이, 성별, 감정들을 잘 살려서 극적으로 잘 읽는다. 희곡을 읽히면 좋겠다는 생각을 했다.

8 유죄인가, 무죄인가? 과제 대필 사건

아이가 사물함에 있던 기초연습장을 가지고 왔다. 기초연습장이란 용어도 참 생소했다. 알림장이란 노트도 그렇고, 초등학교에는 초등학교만의 전문용어가 있다. 어쨌거나 기초연습장은 몇 장 안 되는 분량인지라, 벌써 다 채웠기 때문에 집으로 가져온 것이다.

뭘 썼나 궁금해서 펼쳐봤다가 깜짝 놀랐다. 글씨가 너무 예쁘다. 이건 내 아이의 글씨체가 아니다. 아이의 하굣길 데리러 갔다가 우연히 보게 된 짝지의 글씨체이다. 아들에게 물었다.

"이거 네가 쓴 거야?"

대필에 대한 죄책감 없는 아이는 해맑게 대답한다.

"아니, ○○가 써준 거야."

쓰기가 힘들어서 ○○보고 써달라고 부탁했고, 쓰기가 별로 힘들지 않은 착한 짝꿍이 무려 열 바닥이나 대신 써준 것이다. 심지어

제일 마지막 장에는 담임 선생님의 별표 도장이 세 개나 찍혀 있다. 아들은 스스로 나름 주어진 과제에 대한 해결책을 찾았고, 대필에 대한 문제 의식이 전혀 없었던 것이다.

재발 방지를 위해 아이를 혼냈다. 그리고 그 열 바닥을 다시 쓰게 했다. 아이는 금방 시무룩해졌지만, 5분 만에 기초연습장 열 장을 다 채웠다. 남자아이들은, 아니 내 아이는 그리기, 색칠하기, 쓰기 등 약간은 사소하다 싶은 일에 집중하지 않는다. 암튼 풀이 죽어서 기초연습장을 채워가는 아들의 모습이 귀여워서 우리 모두 한참을 웃었다.

9 학부모 총회, 3월의 끝과 1년의 시작

대망의 학부모 총회가 있는 날이다. 이날은 모든 학부모 특히 엄마들이 반드시 가야 한다고 일찍이 초등학교 교사인 친구에게 경고 같은 정보를 들었다.

3교시에는 각 반 교실에서 공개수업을 하고, 4교시에는 강당에서 교장 선생님의 학부모 연수를 받는다. 이후 다시 교실로 이동해서 담임 선생님과 1시간 동안 1년간 학급 운영에 관한 브리핑을 듣기로 되어 있다.

원래는 2교시, 3교시 공개수업이라고 문자도 받고, 가정 통신문에도 명시되어 있어서 아침부터 바쁘게 학교 갈 준비를 하고 있었다. 1, 2학년은 전담 수업이 없어서 2교시 수업 참관은 없다는 것을 내가 학교로 출발할 때쯤 학교 단체 문자를 통해 통지 받았다. 차를 가지고 오지 말라는 문자 또한 출발에 임박해서야 받았다. 그 문자들은 이미 사건이 발생되고 난 사후 처리 사항이었음을 알려주는 부분이다.

이 사건 또한 수신자의 입장을 고려하지 않고, 발신자 입장에서는 이미 다 알고 있으려니 생각하며 보낸 가정 통신문의 병폐를 여실히 보여준다. 언제쯤 오독 오해로 인한 사건들이 발생하지 않을 수 있을지. 그나마 출발하기 전에 문자를 받았기 때문에 학교에 도착해서 이러지도 저러지도 못한 상황에 처하지 않은 것이 다행이었다.

공개수업은 아주 흥미로운 시간이었다. 담임 선생님께서는 자기소개라는 것을 매체를 이용한 발표, 조별 토론 이후 발표 등 다양한 방법을 이용해서 40분을 이끌어간다. 아이들의 때론 아이답고 때론 참신하고 기발한 행동과 말들이 부모들을 즐겁게 했다.

정말 부모란 존재들은 어쩔 수가 없다. 모든 관심사는 자기 아이에게 집중되어 있다. 남의 아이가 잘하는지, 못하는지는 전혀 중요하지도 않고 귀에도 안 들어온다. 오감 가지고도 부족한지 우리는 육감까지 총동원해서 자기 아이에게만 집중한다.

학급 말썽꾸러기 제1호 내 아이는 생각보다는 정말 잘하고 있다. 집에서는 책을 읽히거나 발표를 연습할 때마다 들릴 듯 말 듯한 목소리로 잘 알아듣지 못하게 총알같이 읽어가는 아이였다. 또박또박 천천히 읽으라고 지적했지만, 엄마의 가르침은 결코 따라주지 않는 아이인지라 은근 포기하고 있었다. 그러나 학교에서 진우는 아주 큰 소리로, 또박또박 천천히 대답하고 발표한다. 수업 시간에도 흥이 나서 집중하고 잘 참여하고 있었다. 발표력도 좋고, 리더십도 나름 있어 보였다. 언제나 노심초사했었기에, 그런 모습이 너무나 감사했고 감동적이었다.

부모는 아이의 10% 정도만 알 뿐이라는 말에 크게 공감했다. 눈에 보이는 것이 전부가 아니다. 아이는 부모의 인식보다 잘하고 있을 수도, 못하고 있을 수도 있다. 이게 첫걸음인 것이다. 내 아들 역시 이젠 자신만의 독립적인 세계와 태도가 존재한다. 지금은 5% 정도이지만, 점점 그 비중이 커질 것이다.

아이의 독립된 공간과 세계를 존중하지 않는다면, 아이가 사춘기에 들어섰을 때 부모와 마찰을 일으킬 확률이 높을 것이다. 마찰을 걱정해서가 아니라, 아이의 미래와 행복을 위해서도 긍정적이지 않을 것이란 생각이 든다. 암튼 오늘 공개수업을 통해 아이가 가진 세계를 볼 수 있었다는 점에서 엄청난 소득이 있었다.

선생님의 학급 운영에 관한 브리핑이 끝나자, 학부모 임원 여섯 명이 필요하니 하실 분은 남아달라고 하셨다. 난 공개수업 참관서를 작성하여 내고는, 얌전히 교실에서 나왔다. 그런데 놀랍게도 임원을 하지 않겠다고 나온 사람이 나를 포함해서 딱 두 명이었다.

나중에 안 사실이지만, 나를 제외한 나머지 한 명은 다시 교실로 들어가서 임원을 하겠다고 이름을 올렸다. 그리고 1학년 학부모 전체에서도 끝까지 참석한 사람들 중에서 임원을 하지 않겠다고 나온 사람 역시 나 한 명이라는 것이다. 선생님께서 임원 여섯 명만 필요하다고 했기에, 나머지는 돌려보내실 줄 알았다. 그러나 놀랍게도 남은 사람 모두를 임원 명단에 올렸다. 대한민국 학부모들 정말 대단하다.

암튼 집에 도착한 나는 옷을 갈아입고, 밥 먹을 준비를 하고 있었다. 기력 쇠진 상황에서 중국집에 시켜 먹으려고 핸드폰을 꺼내 들었다. 그런데 부재중 전화가 와 있었다. 아들의 학교였다. 전화를 걸어보니 담임 선생님이셨다. 선생님께서 나에게 반 대표를 하라고 하셨다. 별난 아들의 언행을 고려해볼 때, 그리고 수많은 사람이 남아 있었음에도 불구하고 전화하신 것을 고려해볼 때, 무조건 해야겠다는 생각이 들어 다시 옷을 갈아입고 학교로 갔다. 암튼 졸지에 반 대표가 되었다. 그것도 정말 특이한 방식으로. 이후 1년이 여러모로 기대가 된다.

반 대표가 모이는 반에 가서 전화번호와 이름을 남겼다. 학년 대표는 학년부장 선생님이 담임으로 있는 반 대표가 하기로 했다. 그날 당장 각 반 대표 단체 카톡이 묶였고, 서로를 소개했다. 지금부터 가장 힘든 관계인 학부모들과의 관계가 시작된 것이다. 우리가 이사를 가지 않는 한, 이들과 어쩌면 12년을 같이 보낼 수도 있다는 사실에 정신이 번쩍 든다.

몇 년간 '의사소통과 열린 생각' 과목을 가르쳐왔는데, 나의 소통 능력이 시험대에 오른 것이다. 사실 난 가치관과 성격, 삶의 스타일이 다른 사람들과 가까이 지내지 않는 편이다. 공적 관계를 유지하는 것은 힘들지 않다. 상대방의 견해를 그냥 들어주고, 긍정해주는 태도를 취하는 것은 어렵지 않다. 그러나 나이가 들면서 여러모로 소모적일 수밖에 없는 그런 만남들에서 나는 의미를 찾지 못했고, 서로서로 견해가 비슷한 사람들끼리만 어울리게 되었다.

학부모들은 공적 만남도, 사적 만남도 아닌 정말 애매모호한 관계이다. 그래서 처신도 힘들고, 말 한마디 한마디가 조심스러울 수밖에 없다. 지금까지 겪어온 지난 삶도 현재 상황도 천차만별이어서, 아이와 관계되는 점 외에 공통 상황을 찾기는 거의 불가능하다. 아이와 관계되는 화제 역시 지극히 조심스럽게 이야기해야만 하는 부분이다. 잘할 수 있을까 걱정되지만, 피한다고 피할 수 있는 부분은 아니다.

10 서열화된 학부모 사회

나를 제외한 모든 대표들은 이미 임원들의 주소록을 가지고 있다. 그래서 1학년 몇 반인지 임원들끼리 모여서 커피나 한잔 하려고 했다가, 고학년 대표들에게 딱 걸려서 못 하게 되었다고 한다. 다른 반들이 모이든 말든, 다른 학년들이 모이든 말든 그것이 무슨 상관이 있으며 왜 간섭과 통제를 하는지 도저히 상식적으로 이해가 안 된다. 내 아이가 다른 아이보다 학년이 높으면 부모도 더 높은 서열로 쳐준다는 현실이 도무지 공감이 안 된다.

어디를 가든 서열을 정하고 그 서열에 따른 적절한 행동과 말들을 강요한다. 그것이 한 학교에 아이를 보내는 학부모들 사이에도 조직화, 체계화되어 있다는 사실이 무한히 경이로울 따름이다.

또 몇 학년인지 카톡에서 문제가 발생했다고 이야기가 돌고 있다. 큰 문제일 수도 있고, 아닐 수도 있다. 확실한 것은 이러한 사실들이 전달되면서, 사건을 키운다는 점에 있다. 기껏해야 몇 명 견해

차이로 인해서 맘이 상한 정도의 일을 정보통신의 발달로 인해 학교 전체의 학부모들이 다 알게 된 것이다. 이것이 바로 현대 사회가 처한, 정보화 사회가 처한 명암의 현주소이다.

11 반 대표들의 모임

1학년 대표의 집에서 1학년 반 대표들이 모였다. 1학년 대표가 전체 모임에서 하달받은 사항을 전달하고, 친목을 다지기 위해서였다. 모임 장소를 정하는 것에도 한참 걸렸다. 학년 대표는 자신의 집에서 모이는 것이 좋겠다는 결론을 냈다. 어떤 모임이든 떼 지어 식당이나 카페에서 몰려 다니면서 목청 높이는 모습을 싫어하는 나는 기꺼이 동의했다.

이미 학년 대표 집으로 장소가 결정났음에도 불구하고 계속 다른 곳을 주장하는 목소리가 나온다. 각자 주장들을 동어반복하며 한참 논의한 이후, 원안대로 학년 대표 집에서 하기로 했다. 가장 쉬울 것 같은 시간, 장소 정하는 것부터가 쉽지 않다. 아니 제일 어려운 것 같다. 오히려 특정 안건에 대한 의견 조율이 더 쉬운 듯하다.

학부모 모임에 대한 사회적 시선은 무척 따갑다. 흔히 치맛바람만 일으키고 다니는, 별로 친하지도 않지만 친한 척하는, 할 일 없는 전업주부들의 시간낭비라고들 한다. 자식 자랑 및 타인 험담 그리고 별 영양가 없는 사교육 정보 교환으로 학교교육을 입시지옥으로 내모는 장본인이 '옆집 엄마'로 대변되는 학부모들이라고들 한다. 이 때문에 나라를 망치는 것이 다 이 학부모들에게서 나온다고 잔혹한 잣대를 들이대고 '맘충'이라고 칭하며 비판한다. 근거가 없지 않다.

학부모 모임의 구성원은 정말 다양하다. 다른 모임에서는 이른바 구성원의 공통점이 있기 마련이다. 직업, 지식 정도, 계층, 가치관, 종교, 취향, 성격 등등에서 공통된 부분이 있기 때문에 모이기에, 그 모임은 생산적이다. 그러나 특수학교가 아닌 일반 학교의 학부모들 모임에는 이른바 같은 지역에 살고 아이를 같은 학교에 보낸다는 공통점 외에는 어떤 공통점을 찾을 수 없다. 그래서 화제는 사소한 일상 및 가족사에만 한정된다.

또한 학창시절 때부터 몸에 익혀온 여자들만의 습성 중 하나, 화장실 갈 때조차 친구들과 같이 가는 습성으로 인해 정말 시도 때도 없이 모인다. 그리고 특정 업무를 중심으로 모이더라도 최소 서너 시간은 대화를 나누어야 헤어질 생각을 한다.

공적인 모임이든 사적인 모임이든 두 시간을 넘기지 않는 편인

나는 느림 그 자체를 실천하고 있는 학부모 모임에 처음에는 적응하기 무척 힘들었다. 우선 체력부터 따라가지 못했다. 그러나 그것이 엄마들의 낙이라는 초등학교 선생 친구의 말을 듣고 생각해보니 그럴듯도 하다 싶었다.

영아에서 유아까지의 육아는 정말 단 한순간도 맘 놓고 지낼 수 없는, 상당한 육체노동을 요구하는 힘든 일이다. 주변 사람들이 돌봐주지 않으면 화장실도 안심하고 갈 수 없는 것이 육아의 뼈아픈 현실이다. 그렇게 6, 7년을 보내다 보면 경력 단절, 인간관계 단절은 그 아무도 원하지 않는, 그러나 필연적 결과이다.

그러다가 드디어 아이는 어느 정도 혼자 생활할 수 있는 아동이 되었고, 아이를 매개로 새로운 인간관계가 시작되는 초등학교 입학과 함께 형성되는 수많은 학부모들과의 인간관계는 일종의 신세계이다. 학부모 모임은 주부의 임무인 육아와 교육을 충실히 수행한다는 명분도 서는, 일상에서의 합법적인 탈출구이다. 그래서 만난 지 얼마 되지도 않은 다른 학부모들과 십년지기쯤 되어야 요구할 수 있는 여러 가지 만남과 모임 그리고 대화들을 주고받는다.

이해할 생각이 없는 상당수의 사람들에게 학부모 모임, 특히 여자들이 우르르 몰려 다니는 모습은 뭔가 잉여스러워 보이고 안하무인에 주책 없어 보일 수도 있다. 전업주부의 모임이든 아니든 무슨 이유에서든지 대낮의 카페나 레스토랑을 채우고 있는 사람들의 성별은 90% 이상이 여성이다. 그리고 그중 50% 이상은 타인의 휴식과 평안에 지장을 주는 막무가내식의 행동을 거침없이 하곤 한다.

그러나 성별과 연령에 상관없이 어떤 모임이든 여섯 명 이상 모이면 목소리가 커질 수밖에 없다. 따라서 여러 사람이 모이는 모임이면 무조건 집에서 모이는 것이 서로 좋지 않을까 싶다. 여섯 명이란 숫자는, 그것도 학부모 여섯 명이란 숫자는 결코 하나의 목소리가 구성원 전체의 주의를 집중시킬 수 있는 숫자가 아니다. 결론은 소란스러울 수밖에 없다는 것이다.

암튼 우여곡절 끝에 각 반 대표 총 여섯 명은 학년 대표의 집에 모였다. 각기 간식거리를 들고 와서, 편안하고 풍성한 모임이었다.

담임 선생님이 학년부장이란 잔혹한 현실 때문에 졸지에 학년 대표가 된 엄마가, 전교 대표 모임에서 전달받은 여러 가지 사안을 전달한다. 고아원 및 재활원 봉사활동, 교통 도우미, 급식 검수, 청소, 체육대회 도우미 등등 끝이 없을 것 같은 1년 행사들과 학부모가 해야 할 일들이 쏟아진다.

올 것이 왔구나 하는 생각에 맘이 무거웠지만, 가만 보면 각 활동들은 일 년에 한 번 정도다. 그렇게 생각하면 별것 아니라는 느낌이 들면서, 그 정도면 까짓 거…… 하는 호기로운 생각도 들었다. 텃밭 가꾸기, 동물 키우기 등등의 의무 사항을 전달할 땐, 저거 뭐냐 싶었다. 알고 보니 학부모 회장의 견해라고 한다. 아이들의 정서 교육을 위해 동물을 자신이 사서 학교에 둘 테니, 각 반 대표들이 순번을 정해 키우자고 했다고 한다. 아이들 정서 교육인지, 각 반 대표들의 노동 교육인지 분간이 안 된다.

자신(주장자)이 모두 책임지지 못하고 다른 사람들에게 의무를 강요하면 안 되지 않느냐고 말했다. 그랬더니 그 현장에선 아무도 반대하지 않았다고 한다. 왜냐고 질문했더니, 학부모 회장 아들이 워낙 우수해서 그 누구도 회장의 말에 반기를 들지 않는 분위기라고 했다. 어이가 없어서 헛웃음이 나왔다. 자식이 1등이면 엄마도 1등이고, 남편이 장관이면 그 아내도 장관이라고들 하더니…… 학부모 사회에서 엄마들의 서열은 남편의 경제력과 자식의 학력으로 결정된다. 여성들의 비주체적 사회적 지위와 생활방식을 엿보는 듯해서 맘이 무척 불편했다.

아이를 데리러 가야 한다는 핑계를 대며 1시간 반쯤 후에 자리를 떴다.

12 이해와 조율을 위한 시간, 담임 선생님과의 개별 면담

입학한 지 한 달이 지나서야 담임 선생님과 상담을 했다. 입학 3주 만에 반 대표가 되었지만, 임원 주소록이 없다는 합법적 핑계로 난 반에서 어떠한 활동도 하지 않았다.

원래 임원은 한 반에 여섯 명으로 공지했지만, 학부모 총회 때 남은 사람은 모두 임원이 되었다고 한다. 그래서 1학년은 학부모 총회에 온 거의 대다수가 임원이라고 한다. 어떤 반은 총 인원 26명 중에 25명이 임원이라고 한다. 우리 반은 몇 명이냐고 묻는데 알 길이 없었다. 선생님께 임원 명단을 받고 보니 20명이다. 생각보다 많은 인원에 긴장되기도 했다.

일단 담임 선생님께서는 나를 보자마자 대뜸 애를 왜 그렇게 키웠느냐고 야단치신다. 난 아이를 잘못 키우지 않았다. 내 아이도 사회화가 좀 느리고 언행이 남들과 다를 뿐, 잘못은 없다. 하지만 선생님의 불편함을 생각하면 이해가 가는 부분이다. 단체 생활에는 결코 어울리지 않는 아이니.

개성과 자기중심성이 강하고, 호기심이 강해 궁금한 것을 참지 못하는 아이라고 말씀드리니 이미 교직 34년차 노련하신 선생님께선 아이를 파악하고 있을 만큼은 다 파악하고 계셨다. 난 대안학교나 사립학교 심지어 홈스쿨링까지 생각하고 있었지만, 아이가 내 생각보다는 잘 하고 있다고 판단된다고, 다 선생님 덕분이라고 잘 부탁한다고 말씀드렸다.

물건을 정리하는 습관이 아직 들지 않았고, 규범과 규칙을 준수해야 한다는 걸 이해하지 못하는 아이니 관리와 훈육이 얼마나 힘들까 하는 생각이 든다. 내가 선생이어서 그런지 난 아이의 선생님과 상담할 때면 언제나 아이의 입장보다 선생님의 입장이 더 안쓰럽다.

아무튼 선생님께서는 아이가 다르다는 것을 적절히 인정하면서 훈육하실 듯하여 한층 더 안심이 되었다. 사실 내 아이는 이해하려고 하면 무척 재밌는 아이인데, 그렇지 않으면 그야말로 트러블 메이커이다. 사랑을 바탕으로 '에디슨이다' 생각하고 아이의 말과 행동을 이해하겠다고 하셔서 무척 감사했다.

반 대표에 관해서는, 선생님께서 단체 회비는 절대로 걷지 말라고, 학급 일도 별로 없기 때문에 학부모 모임은 그냥 사적 친목을 위한 모임으로 생각해달라고 부탁하신다. 듣던 중 반가운 말씀이시다. 선생님께서 시키는 것은 무엇이든지 최선을 다해 하겠다고, 그리고 문자 그대로 액면 그대로 받아들일 테니 아주 직설적으로 말씀해달라고 소통의 라인과 방식을 결정하고 자리를 떴다. 그리고 우리 반 임원 20명의 명단을 받아 가지고 왔다.

그리고 그 말 많고 사고 많다는 카톡으로 임원들을 모두 초대하였다. 다음 주 목요일로 만남 시간을 정했다. 전업주부들은 아이들이 학교 간 사이인 브런치 타임을 선호했고, 직장맘들은 당연히 저녁 퇴근 이후를 이야기해서 그냥 내가 두 번 다 만나기로 했다. 차라리 나눠서 만나는 것이 파악하기도 쉽고, 대응하기도 쉽겠다는 생각이 들었다.

학년 대표 회의에서 전달받은 내용들을 항목별로 정리해서 회의 자료를 만들고, 아이와 엄마의 이름을 같이 적은 이름표도 만들었다. 식당을 수소문해서 예약함으로써 준비를 간단히 마쳤다.

온라인에서나 오프라인에서나 깍듯하다 할 정도로 공식적 예우와 의전을 갖춰서 대하는 중이다. 말을 놓고 편하게 지내다 보면, 학부모 모임에서는 장점보다 단점이, 그리고 더 많은 문제가 생길 여지가 있지 않을까 해서다. 결과적으로는 소용없는 일이었다. 학부모 모임은 어떻게 모여도 사적인 말투와 방식으로 진행된다.

각 반 대표들은 회비 문제로 카톡에서 아주 많은 토론을 나눴다. 일을 하려면 회비를 걷어야 하는데, 모든 반이 통일해서 걷자는 이야기가 진행되고 있던 중, 우리 담임 선생님께서 절대로 걷지 말라고 하셨다는 내 말에 다들 긴장하고 결정을 못 하고 갈팡질팡하고 있었다.

각 반 대표는 다들 아이가 첫째이고, 고학년 엄마가 한 명 있긴

하지만 그 아이는 사립학교에 다니고 있었기에 의지할 수 있는 경험자가 못 되기 때문이다. 벌써 다른 반들은 고학년 엄마들이 이런 말 저런 말들을 물어 나르면서 반 대표들에게 상처를 주고 있었다.

30대 중반까지는 다른 사람들이 어떤 말을 하든 흔들리지 않고 평정심을 유지하기가 정말 힘들다. 남들이 뭐라 하든 괘념치 않고 마이 웨이를 가려고 하면 최소 40대 중반 이상의 나이는 되어야 하지 않을까 싶다. 흔히 학부모 사회를 말 많은 사회라고들 한다. 그래서 여기저기서 조심하라는 말들을 많이 들었다.

그러나 내 경험에 따르면 '말 많다'라는 말은 성별과 연령, 그리고 지적·경제적 수준과 상관없이 대한민국의 거의 모든 조직에 해당된다. 세 명만 모이면 접시가 깨진다는 말은 비단 여자들에게만 국한되는 것이 아니다. 가족들이 모여도 이래저래 말이 많은 법인데, 교회, 대학, 직장, 동창회, 학회 등등 모든 단체와 조직은 '말'들로 무성하고, 그 '말'들은 비수가 되어 서로를 찌른다.

타인의 시선과 말에 의해 자아의 정체성을 이루어가는 청소년과 청년들은 그런 '뒷담화'에 무척 상처를 받는다. 나이가 들면 성장한다기보다는 내성이 생길 법도 한데, 그렇지 않은 경우가 많다.

경상도 사투리에 '수고하라'는 말을 대신하는 '욕봐라'라는 말이 있다. 참 심오한 말이다. 어떤 의미에서 '일을 한다'는 말은 '욕봐라'라는 말과 동의어인 듯싶다. 어떤 모임에서 '수고'를 특히 많이 해야 하는 리더가 일을 할 때는, 욕 먹을 각오를 해야 한다는 말 같다. 그것은 '일'에 대한 견해가 다양한 집단에서는 더더욱 '욕'을 먹는 것은 필연적인 결과이다.

그래서 반 대표들에게 그냥 멘털을 키우자고, 그냥 욕하면 듣고 흘리면 된다고, 어차피 해야 할 것 같으면 즐겁게 하자고 다독였다.

4월 : 벌써 한 달
"끊임없는 미션 임파서블"

13 화분갈이와 수행평가

면담 시간에 선생님께서 죽어가는 화분 두 개의 분갈이 및 손님 오면 대접할 차와 커피 등을 부탁하셨다. 차와 커피는 집에 있는 것들을 대충 모아서 드렸고, 화분 분갈이는 오늘에서야 직접 나서서 해결했다. 아주 작은 화분이었지만, 약골인 내게는 그것을 들고 움직이는 것조차 그리 쉬운 일이 아니었다.

사람 팔자는 정말 모를 일이다. 반 대표 되면서 참 별짓 다 한다 싶다. 경비실에 택배 가지러 가면서도 차를 몰고 갈 정도로 근력 제로인 내가, 화분을 들고 왕복 30분을 걸어서 임무를 완수했다. 아들을 데리러 다니면서 튼튼해질 듯싶다.

학교에 간 김에 아들의 사물함을 살펴봤다. 난장판 그 자체이다. 책은 다 구겨져 있고, 색연필과 크레파스, 사인펜 등은 도대체 행방을 알 수 없게 케이스 따로, 펜 따로 여기저기 뒹굴고 있다. 어떻게 정리 습관을 가르쳐야 하나 고민된다.

반에서 연필이나 색연필 등등 굴러다니는 거 모아보면, 내 아이의 것이 제일 많다고 한다. 정리가 안 될 뿐만 아니라, 자기 물건도 전혀 못 챙긴다. 어쨌거나 대충 정리해주고, 사라진 것들이 무엇인지 체크하였다.

담임 선생님께서 어제 있었던 수행평가에 대한 말씀을 해주신다. 어제 '친구에 대해 알아보자' 수행평가가 있었다. 친구 얼굴을 그리고 친구의 장점, 특징, 잘하는 거, 장래희망, 본받고 싶은 것 등등을 쓰는 것이었다. 아들은 그 항목들을 하나도 적지 않았다고 했다. 반 친구들이 아이가 하나도 적지 않았다고 선생님께 고자질했다.

1학년 아이들은 무척 재밌다. 아이들은 내가 누구 엄마라는 것을 잘 알고 있기에, 나만 보면 아들이 학교에서 사고친 것들을 잽싸게 말해준다. 그런데 선생님의 대응이 참 놀라웠다.

"내 눈엔 다 보이는데, 너희들 눈엔 안 보이니?"

이러면서 아들에게 친구에 대해 발표하라고 시켰다고 했다.

아들은 하나도 안 적었는데도, 장점을 세 가지나 이야기하면서 발표를 아주 훌륭히 마쳤다고 한다. 그래서 선생님도 깜짝 놀랐다고 하셨다.

아무튼 독특한 아이라고, 재미있는 아이 보내주셔서 감사하다는 말씀까지 하신다. 나 같으면 "너 왜 이거 안 했냐"고 한마디 할 듯한데 말이다. 오랜 연륜과 여유가 없으면 갖기 힘든 태도이다. 한 수 배웠다.

14 먼 그대들, 반 학부모 모임

오늘 학부모 임원 모임을 가졌다. 점심, 저녁 각각 세 시간씩 일정이 잡혀 있다. 모임을 위해 일단 회의 자료를 만들고, 이름표도 제작했다. 그리고 도움을 받아 집 근처 파스타집을 예약했다.

이 동네에 무려 10년을 넘게 살면서도, 근처에 식당이 이렇게 많은 줄 미처 몰랐다. 그리고 이 근처 식당을 연서초등학교 학부모들이 먹여살린다는 것 또한 새롭게 알게 된 사실이다.

예약한 파스타집이 가정집을 개조해서 만든, 동래 온천천의 명소 중 하나라는 것도 이사온 지 무려 10년 만에 처음으로 알았다.

학부모 모임으로 긴장할 만큼 어린 나이도 아니다. 이런저런 경험이 없지도 않지만, 뭔가 모를 불편함이 맘속에 있다.

모든 것은 관계에서 형성된다. 관계를 어떻게 이루어가느냐에 따라 때론 행동이 감동을 주기도 하고, 때론 구설수에 오르기도 한다. 이런 소모적인 감정들이 싫어서 학부모 총회에서 임원도 안 하겠다고 잽싸게 자리를 빠져나왔건만, 팔자란 어쩔 수 없는 것인가 보다 싶다.

피할 수 없으면 즐겨야 한다고, 말수를 최대한 줄이고 상황과 사람 그리고 화제들을 무조건 긍정적으로 수용하기만 하면 별 문제 없겠지 하고 모임에 나갔다.

일단 회의 자료를 가지고 브리핑을 하고, 잽싸게 나이를 밝혔다. 난 46세다. 당연한 일이지만, 1학년 학부모 중 가장 연로한(?) 나이다. 학부모 사회의 서열은 여러 가지 사안으로 결정되지만, 나이는 화룡점정이다.

깔끔한 회의 자료와 현란한 화술로 브리핑함으로써 업무 처리 능력을 과시했다. 필요할 것 같아서였다. 그렇게 하지 않으면 고학년 엄마들, 즉 둘째가 1학년인 엄마들에게 기선을 빼앗기게 된다. 그리고 모두를 공식적 말투로 존대하면서 깍듯이 대하고, 나이를 밝히고 나니, 다들 내가 제안한 여러 가지에 다른 견해를 달지 못한다.

내 견해는 이러하다. 학교 일은 학교에 맡기고, 학부모 모임은 사적 친목 단체로 한정한다는 것이다. 전교 학부모회에서 내려온 안건만 해도, 사실상 엄청 많은 것 같지만, 사실 대표 혼자서 감당할 일들이 대부분이다. 반 임원 전체가 움직여야 할 일은 청소 그리고 교통 안전 도우미뿐이다. 그것도 1년에 한 번 인원만 동원하면 되는 일이다. 다시 말하자면 학부모 모임은 학교 생활을 위해서는 전혀 필요가 없다. 그래서 될 수 있으면 학부모들이 여기저기 몰려다니면서 일으키는 이른바 '치맛바람' 문화를 바꿔보고 싶다는 것이 내 견해이다.

사실 초등학교에 아이를 보낼 때, 가장 걱정되는 부분이 바로 이 학부모 문화이다. 1학년 때 학급 임원 활동을 해서 아이를 뒷바라지하지 않으면 왕따가 된다고들 한다. 그래서 다들 힘들어하면서도 학급 임원직을 맡는다.

그러나 학교에 자주 드나들고, 학부모들과 함께하는 시간이 많다고 해서 무조건 장점만 있는 것이 아니다. 숱한 구설수와 복잡하고 감정적인 인간관계에 휘말리는 경우가 많다.

중학교에 진학하면 아이들의 교우 관계가 부모와 무관하게 자율적으로 맺어지기에 학부모 모임이 별 의미가 없다고 한다. 또한 학교 일도 거의 없다시피 해서, 학부모 모임은 그야말로 유명무실하고, 기껏해야 모여서 사교육 정보를 교환하는 정도라고 한다. 아이의 학업 성적이 가장 중요하기 때문이다.

반면 초등학교 교우 관계는 거의 엄마들의 관계에 의해서 이루어지고, 그로 인해 아이의 학교 생활이 좌지우지된다고 들어왔다. 그래서 다들 시간적으로 경제적으로 상당히 부담스러워하면서도, 자발적으로 학급 임원이 되는 것이다.

진보 교육감이 당선되기 전부터, 학교는 이미 상당히 투명해졌었다. 내 친구들이 십 년 전 초등학교에 아이들을 보낼 때까지만 해도 촌지에 대한 각종 루머들, 선생님 생활비 보조에서부터 체육대회나 소풍 이후의 접대 및 목욕비 등등 그야말로 '비리'에 대한 루머는 끝이 없었다.

내가 아이를 초등학교에 보내면서 들은 정보에 의하면, 그런 것들은 다행히도 이미 사라진 지 오래라는 것이다. 또한 작년 진보 교육감이 당선되면서부터 부정부패 및 악습 척결을 모토로 교육청의 단속이 심해지면서 그 어떤 것도, 단돈 십 원도 받지 말라는 공문이 지속적으로 내려온다고 한다. 학교의 시스템과 교육자들의 의지는 투명하고 공정한 학교를 만들기에 부족함이 없었다.

투명한 학교를 만드는 데 방해가 되는 요인은 선생님들이 아닌,

학부모들이다. 그것도 이미 관례라는 것이 몸에 익은 고학년 학부모들의 마인드가 아직 변하지 않았다는 점에 있었다. 경험자들은 '필요없다', '괜찮다'는 선생님의 말들을 액면 그대로 받아들이지 않고, 그래도 '주면 좋아한다'는 말을 신봉하고 있었다.

백번 양보해서, 학교나 선생님들께서 인간의 본성에 충실하여 정말 주면 좋아한다고 해도, 왜 선생님들께서 좋아하기 때문에 학부모가 주어야 하는지 난 도무지 그 이유를 찾을 수 없었다. 조선시대 왕정도 아니고, 왜 학부모가 선생님의 심기를 미루어 짐작해서 다 맞춰줘야만 하는지 동의할 수 없다. 학부모들은 노예도, 신하도 아니다.

선진화된 교육 시스템이 제대로 작동하려면 구성원들의 문화가 얼마나 중요한지 몸으로 깨닫는 자리가 바로 학부모 모임이다.

일단 담임 선생님의 전달 사항을 방패로 내세워, 학급회비는 절대로 걷지 않겠다, 모임 회비도 없다, 그냥 와서 식사나 함께 하면서 서로 얼굴이나 익히고 즐거운 시간을 보내고 돌아가면 좋겠다는 말을 전달했다.

세 명 정도가 내 눈치를 힐끔힐끔 보면서 그래도 회비를 걷어야 편하다는 말을 발언을 슬쩍 하기도 했지만, 그냥 대응하지 않고 웃음으로 넘겼다.

밴드를 만들자는 의견도, 연락처를 공개하라는 의견도 그리 내키지는 않았다. 이미 다들 단체 카톡으로 연결되어 있어서 알고 싶은 번호는 개인적으로 연락해서 물어보든지 아님 나한테 개별적으로 물어봐달라고 했지만, 다들 번거로워서 싫다고 공개하라고 다시 요청한다.

결국 전원 동의하에 전화번호를 알려주었다. 다만, 번호는 공유하지만, 개인 정보를 절대로 외부에 유출해서는 안 된다, 그것은 불법이라는 것을 분명히 했다.

밴드는 왜 필요한가 싶었지만, 힘든 일도 아니라서 그냥 밴드에 가입하고 임원 모두를 초대했다.

이런 식으로 점심, 저녁 합쳐 무려 장장 6시간에 해당하는 모임을 가졌다. 직장맘들과의 저녁 모임도 무난하게 끝냈다. 사적이고 일상적인 수다로 일관하는 모임을 하고 보니 기가 다 빠져버렸다.

이 모임을 계기로 해서 깨달은 것은 내가 참 그동안 너무 비슷한 성향의 사람들하고만 지내왔다는 사실이다. 업종도 성향도 생활 패턴도 심지어 목소리 크기도 너무 비슷한 사람들과 지내다 보니, 학부모 모임은 신세계였다. 대화의 내용도, 모임의 패턴도, 모임 시간도 지금까지 내 삶과는 완전히 다른 스타일이었다.

이렇게 전체가 모여야 하는 모임이 또 있겠나. 일 년에 한두 번 정도야 뭐 괜찮지 않을까. 나는 그렇게 생각했다(이때까지는 몰랐다.

1학년 학부모 모임이 그렇게 자주 있다는 것을). 차차 익숙해지리라 믿는다.

15 경험이 깡패인 생일파티 준비 모임

임원 모임 마치기가 무섭게 생일파티 준비 문자가 올라왔다. 다 같이 생일파티를 하자는 제안이었다. 드라마에서만 보던 아이들 생일파티이다.

사전에 고등학생 애들에게 물어보니 주로 VIPS 같은 패밀리 레스토랑에 예약해서 애들은 애들대로, 엄마들은 엄마들대로 자리 잡고 논다고 한다. 누구든 초대할 수 있고, 누구든 부담 없이 올 수 있는 생일파티는 아닌 것 같아서 맘이 무거웠다.

난 아이가 어떤 생일을 보내고 싶어 하는지를 알 수 없기에, 스스로 결정하게 하고 싶었다. 그래서 물어봤다. 그랬더니 자기 반 아이들을 1번부터 27번까지 다 집으로 초대하겠다고 한다. 그러더니 잠시 후에 1학년 전체, 나아가 전교생들을 모두 초대하겠다고 한다. 누구 닮아서 저렇게 스케일이 큰지 참······.

처음엔 학부모 두 명이 생일파티 운운하더니 너도나도 모이기 시작했다. 그래서 준비 모임 날짜까지 정하는 상황이 되어서 결국 나도 함께 하기로 결정했다.

이미 지나간 3월부터 아직 오지 않은 5월, 6월이 생일인 아이까지, 일곱 명이 생일파티를 함께 하기로 자원했다. 1차 준비 모임을 우리 집에서 가졌다.

먼저 생일파티 준비 모임을 하는 카톡방을 따로 개설했는데, 오프라인에서 만나서 준비하자고 한다. 기껏해야 장소, 시간, 준비물 등을 정하는 것인데 뭘 만나서 하나 싶었지만, 학부모 모임은 가정집에서 만나는 것이 좋다는 내 신조대로 우리 집에서 모였다. 내가 대표이긴 하지만, 먼저 제안한 엄마에게 경험자라는 명분으로, 그리고 바쁘다는 핑계 아닌 핑계로 생일파티 준비의 전권을 맡겼다.

모임을 가져보니, 왜 모여야 하는지를 대번에 알 수 있었다. 다들 나름의 경험이 있기에 각자 생각들이 달랐다. 그것을 문자로 조율한다는 것은 거의 불가능했다. 서로 얼굴 보고 이야기를 한 결과, 반 전원을 초대하고 선물은 절대로 받지 않는 것으로 결정했다. 한 명도 소외되지 않도록, 그 누구도 부담을 느끼지 않도록 즐거운 자리를 만들자는 것에 다같이 공감했다. 그리고 장소, 시간, 음식 준비를 그 자리에서 결정했다. 의견 일치도 잘 되었고, 요란하지 않은 모임이었다.

그런데 내가 생각하지 못했던 일들이 있었다. 바로 모임 시간이었다. 학부모 모임은 일단 한 번 모이면 세 시간은 기본이다. 지난번 학부모 임원 모임에서도 세 시간 동안 별 주제나 안건도 없이 사적으로 수다를 떨어놓고도 부족한지, 다들 카페에 가서 차를 마시고 헤어졌다고 한다.

오늘도 예외는 아니었다. 2시에 만났고, 난 두 시간이면 충분하지 싶어서 4시에 바로 다른 약속을 잡았다. 그러나 4시가 되어도 전원이 모이지 않았다.

결국 4시에 잡은 약속대로, 제자가 첫 취업해서 받은 첫 월급으로 선물을 사 가지고 집에 찾아왔지만, 내가 따로 서재에 데려가서 이야기했다. 오랜만에 만난 제자였지만 딱 30분 이야기하고 헤어졌고, 전원이 모인 엄마들은 수다를 계속 이어갔다. 그리고 6시 넘어서 모임을 해산했다.

모임은 의도대로 좋은 결정을 냈고, 서로 좀 더 친해질 수 있는 계기가 되었다. 그러나 체력이 약한 나는 그 네 시간 이후 수업을 하거나 공부를 하기 힘들다. 네 시간은 네 시간에서 끝나지 않고, 그 후유증으로 하루를 날려야만 한다. 계속 이런 식으로는 안 된다. 뭔가 대책을 세워야만 한다. 정말 육아는 유아기든, 유년기든 정말 체력전이다. 청소년기도 예외가 아니라고 들었다.

16 모든 것은 시간이 해결해준다

4월에 들어서니 드디어 5교시 수업이란 것이 생겼고, 받아쓰기 시험도 친다.

내 아이는 쓰기를 무척 싫어한다. 하기야 쓰기 좋아하는 학생은 거의 없다. 그러니 거의 쓰기로 해결되는 숙제가 다들 싫을 수밖에 없다. 특히 1학년은 아직 소근육이 발달되지 않았기에, 글자를 쓰려고 하면 힘들다.

학교 가기 전 그래도 한글은 대충 떼고 들어가야 한다는 것을 알고 있었다. 그래서 쓰기 연습을 좀 시켜보았다. 그런데 아이가 너무 힘들어하고 싫어하는 듯싶어서 그냥 포기했다.

사실 쓰기가 왜 안 되는지 이해하기가 힘들었다. 내 경우 읽기와 쓰기가 거의 동시에 저절로 된 케이스인지라, 책을 깔끔하게 읽지도 못하고 쓰기는 거의 제대로 되지 않는 아이가 이해되지 않았다. 다른 사람에게 물어보니, 어느 순간 되는 때가 있더라고 한다. 그래서 그냥 아이의 때를 기다려보자는 생각, 그리고 학교 가서 뭔가 배우는 재미가 있어야 한다는 생각에 쓰기는 그냥 내버려두었다. 배움은 다 때가 있다는 것이 내 생각이다.

대부분의 아이들은 아주 특수한 경우가 아니면 한글 읽기와 쓰기는 집에서 다 떼고 난 뒤 입학한다고 한다. 내 아이는 이미 알림장을 쓰면서 수도 없이 지적을 받아왔다. 줄도 칸도 다 무시하고 쓰고 싶은 위치에 쓰고 싶은 대로 쓰는 아이, 게다가 어려운 맞춤법은 모조리 틀리는 아이인지라 계속 교정을 받고 있었다.

그런데 참 놀라운 사실은, 쓰기 능력이 발전하는 속도가 엄청나다는 것이다. 학교 가기 전에는 해결하는 데 1주일은 걸렸던 분량을, 그것도 1주일 동안 가르치는 사람이 엄청난 감정과 에너지를 소모를 해야만 가능한 분량을, 학교 보낸 후에는 30분도 안 걸려 해결하는 것이다.

아들의 짝꿍만 봐도 쓰기 실력이 상당하다. 내 아이만 쓰기를 못하는 건 아니겠지만, 내 아이의 쓰기 실력은 상·중·하로 등급을 분류하자면 분명 '하'에 속했을 것이다. 받침이나 이중모음을 쓰기 힘들어했으니 말이다.

그러나 알림장 쓰기가 힘들다는 것, 그래서 선생님께 칭찬을 제대로 받지 못한다는 것, 이젠 받아쓰기 시험까지 친다는 것을 잘 알게 되자 스스로 쓰기에 집중하기 시작했다.

모든 글자를 다 잘 쓰지는 못하지만, 한번 가르쳐준 것은 거의 다 숙지하고 있었다. 좀 어려운 것도 세 번 이상 가르쳐야 한 적이 별로 없다. 역시 필요하면 다 알아서 하게 되어 있나 보다.

학교 가기 전까지 쓰기를 완전히 뗄 수 있도록 가르치려고 들었다면, 아마 쓰기는 해결했겠지만 아이는 가장 중요한 학습에 대한 흥미를 잃었을 것이다.

지금은 쓰기를 그리 싫어하지 않는다. 물론 다른 놀이, 특히 게임을 하고 싶어서 숙제 자체를 싫어하기는 하지만, 읽기나 쓰기에 호불호의 차이를 두지는 않는다.

조급해서는 안 된다는 생각이 든다. 특히 교육과정이란 것이 엄연히 있는데, 욕심에 사전학습과 선행학습을 강요해서는 안 된다. 그러기 위해서는 치러야 하는 비용이 상당하다. 사교육인 경우엔 금전적 비용이 들 것이고, 직접 가르치는 경우엔 감정과 에너지가 소모되고 나아가 공부에 대한 흥미를 상실하게 하고 최악의 경우 자식과의 관계마저 나빠질 수 있다. 그냥 즐기면서 학습할 수 있을 때까지 아니면 자발적으로 학습의 필요성을 느낄 수 있을 때까지 인내하는 자세가 필요함을 깨닫는다.

17 사교육에 관한 단상

요즘 학교에서는 '방과후 수업'을 운영한다. 영어, 수학 등 학업에서부터 예체능 모든 부분, 나아가 요리까지 정말 다양한 수업을 진행한다. 학교로 편입된 사교육이라고 보면 된다. 가격은 학교 바깥에서 진행되는 사교육에 비해 많이 저렴하다. 학교 정규 수업을 마친 아이들은 방과후 수업을 받으러 다시 각각의 교실로 이동한다.

방과후 수업 이외에도 아이들은 갖가지 사교육들을 받고 있다. 피아노, 태권도, 수영, 미술학원, 학습지 등등…… 이 가운데에서 대충 한두 개 정도를 배운다.

사실 뭔가를 배우기보다는 그냥 방과후 시간을 때우는 역할을 한다. 직장맘들은 아이의 하교와 퇴근 시간까지의 공백을 메꾸어 주기에 일에 집중할 수 있고, 전업맘들은 그 시간에 여유를 즐기거나 가사일들을 한다. 엄마가 바빠서일까? 요즘 아이들 역시 무척 바쁘다. 아들의 말대로 게임할 시간, 놀 시간이 없다. 내 아이 또한 예외가 아니다.

내 아이는 이른바 영어유치원인 SLP(서강대학교 어학원)에 다녔다. 네 살 때 다니던 유치원은 3개월 만에 쫓겨났다. 그때도 영어유치원이었다.

국어 선생으로서 난 어릴 때의 영어 교육, 그것도 유치원에서 실시하는 영어 교육을 좋아하지 않는다. 모국어도 아직 제대로 익히지 못한 상황에서 외국어를 익히게 하면 사고력에 문제가 생길 듯하다. 사고, 그것도 심층적이고 종합적이고 확장적 사고는 모국어로 할 때 가능하지 않을까. 모국어를 익히다가 외국어로 가는 순간, 사고력의 성장은 상대적으로 더딜 수밖에 없을 듯하다. 뿐만 아니라 이게 무슨 심리인지는 모르겠지만, 외국어를 습득하는 데, 특히 영어를 습득하는 데 비용과 시간을 쏟아붓는 것이 아깝다 못해 자존심마저 상한다.

그런 내가 아이를 영어유치원만 골라서 보냈다. 그 이유는 단 하나다. 유치원 공급이 수요를 따라가지 못해서이다.

아이의 주민번호가 나오자마자(생후 3일 이내 나온다) 바로 국립어린이집에 등록했지만 대기 순번에서 밀렸다. 4월생인데도 밀렸다. 아이가 자라면서 아이의 특성상 네 살에 어린이집을 보낸다는 것은 불가능했기에 별로 아쉽지 않았다.

그러다가 네 살이 된 5월쯤 비상사태가 벌어졌다. 아이를 종일 돌봐주시던 이모님께서 몸이 안 좋아서 일을 그만두신다는 비보가 전해진 것이다. 일로 항상 바쁜 데다가 몸까지 약한 나, 그리고 고령의 어머니께서 종일 아이를 본다는 것은 불가능했다.

내 아이는 정말 키우기 힘든 아이였다. 뭔가를 하고자 하는 욕망과 호기심이 너무 강해 문자 그대로 정말 잠시도 가만히 있지 않았다. 낮잠은 결코 안 자고, 먹는 것엔 관심이 전혀 없었다. 스스로 항상 관심사와 놀이를 찾아냈기에, 놀아줄 필요도 없었다.

단지(?) 관심 가는 것을 만져볼 수 있게 계속 아이를 안아 올렸다 내렸다 해야만 했고, 그사이 다치지 않도록 아이로부터 잠시도 눈을 떼지 말아야 했다. 관심 가는 것이란 주로 버튼을 누를 때마다 소리가 나는 복잡한 가전제품, 그리고 리모컨이나 도어락의 키패드, CD플레이어와 CD 제목, 책 제목······ 암튼 두 시간쯤 같이 있다 보면 완전 번아웃된다.

연제구, 동래구, 해운대구까지 하루에 한 번씩은 나다니면서, 철도변 건널목에서 기차가 규칙적으로 시간에 맞춰 지나가는 것을 자기 눈으로 확인해야 했다. 그래서 아예 철도원 아저씨들이 열차 시간표를 넘겨주기까지 했다. 놀이터에서는 언제나 크고 위험한 놀이기구를 선호했다.

지하철을 타도 얌전하게 자리에 앉아 있지 않았다. 손잡이나 철봉에 매달리고 앞칸에서 뒤칸까지 걸어다녔다. 부산 지하철을 다 떼고, 서울 지하철에 진출해서 역명만 대면 몇 호선인지 척척 답했다. 서울 지하철을 타기 위해 억지 명분을 만들어서 서울에 가기도 했다. 서울 지하철을 충분히 숙지하자, 파리 지하철로 진출했으나 불어의 장벽으로 좌절했다. 이후 철도 쪽으로 관심을 돌려서 그거 무마시키느라 장난이 아니었다.

돈을 넣으면 금액이 올라가는 자판기를 좋아해서, 자판기만 보면 달려가서 동전 넣고 먹지도 못하는 음료수를 무진장 뽑아댔다.

그 시절 부산 시내 자판기가 있을 듯한 곳이면 어디든 갔다.

자동 응답하는 전화번호들, 즉 통신사나 보험회사 그리고 은행, 심지어 국정원에까지 마구 전화를 걸어서 자동 응답기 멘트를 전부 외우고 있었다. 복잡한 것일수록 선호했다. 아무리 말려도 소용이 없었다. 틈만 있으면 전화를 해대서 국정원에서 전화가 올 정도였다. 이 시기 전화마다 통신료가 한 달에 20만 원에 근접하는 때도 있었다. 나나 남편의 전화만이 아니라, 봐주시는 이모님 전화까지 그러해서 전화 요금을 물어주기도 했다.

한때 ATM기에 미쳐서, 부산 시내 은행이란 은행은 다 돌아다니면서 현금을 넣었다 뺐다 장난이 아니었다. 자동문을 좋아할 땐 정말 난감했다. 집에 자동문을 하나 설치할까 심각하게 고민까지 했었다. 엘리베이터 좋아하는 것 또한 기본이다. 부산 시내 대형 건물과 백화점 각 지점을 층층마다 돌아다니면서 엘리베이터 1호기 2호기…… 이러면서 모든 위치를 다 파악하고 다녔다.

내비게이션에 관심을 가져서, 차 앞자리에 앉아 현위치 버튼을 연속 누르면서 어느 블록까지가 연산1동이고 어디부터가 연산2동인지를 비롯하여 연제구, 동래구, 해운대구 등 주로 활동하는 지역의 모든 동명을 대충 숙지했다. 다른 아이들 다 보는 만화영화, 뽀로로, TV, 동요, 동화 등 이런 거는 관심도 없었고 심지어 무서워했다.

아이를 돌보기 위해서 부모, 조부모, 돌봐주시는 전담 양육인, 심지어 야외놀이 전용 대학생 아르바이트생까지 총동원했다. 아이는 기본적으로 항상 뛰어다녔다. 예비역 남자 아르바이트생이 아니면, 감당이 불가능했다. 체력에 자신 있다던 여자 아르바이트생은 결국 백화점에서 아이를 놓쳐서 한 시간 동안 미아 상태였던 때도 있었다.

흔히들 아이의 욕망을 꺾어서 못 하게 하면 된다고들 말한다. 나도 아이를 낳기 전까지는, 내 아들을 키우기 전까지는 당연히 못 하게 할 수 있을 줄 알았다.

현실은 뜻대로 되지 않는다. 특히 자식은 정말 내 뜻대로 되지 않는다. 제재가 안 된다. 물론 제재가 되는 아이도 많을 것이다. 그러나 내 아들은 그것이 불가능했다. 제재를 시키려면, 그때마다 극단의 폭언과 폭력을 동원하지 않고는 불가능했다. 아이에게 그럴 수는 없는 일이다.

아이의 욕망이 나쁜가 생각해보면, 그렇지 않았다. 단지 아이의 욕망을 들어주기엔 어른들이 힘들고 귀찮다는 것이지, 아이의 욕망과 호기심은 별나기는 하나 결코 나쁜 건 아니었다.

그나마 다행인 것은 거래가 된다는 점이다. 아들은 반드시 자신의 요구사항을 들어줘야 하지만, 횟수를 줄이거나 시간을 지연시킬 때 그것을 잘 따라주었다. ATM기를 만지고 싶으면 은행이 문을 닫고 사용자가 드문 시간에 가야 한다고 설득하니, 기꺼이 순종했다. 또한 15분만 만지고 다른 사람들이 오면 양보하거나 만지지 않아야 한다고 하면 그것도 들어줬다. '절대로 안 돼'라는 말만 하지 않으면, 이른바 타협과 협상이란 것이 가능했다. 그나마 다행이었다.

대신 말을 바꾸거나, 약속을 어긴 적은 단 한 번도 없었다. 아이에게 한 약속은 어떤 일이 있어도 지켰다.

이렇게 하루하루를 문자 그대로 견뎌내고 있었다. 가끔 앞으로 이 아이를 어떻게 키울지 난감해질 때마다 우리들은 그냥 너무 멀리 생각하지 말고, 하루하루 지내다 보면 시간이 흘러가 있을 거라고, 아이가 좀 자라서 말이 통하고 생각이 들어가면 달라질 거라고 서로서로 위로하고 격려했다.

정말 신기한 것은 이 모든 어려움을 기꺼이 감당할 정도로 아이가 예쁘고 사랑스럽다는 것이다. 우리 모두 죽을 듯 힘들었지만, 또 아이를 미친 듯 사랑했다. 예뻐서 정말 어찌할 줄을 몰랐다. 아이들의 매력이란 정말 상상초월이다.

아이가 이렇게 별나고, 조직 생활이 불가능하다 보니 유치원이나 어린이집은 상상도 할 수 없었다. 보육교사들이 감당할 수 없었을 것이다.

이모님께서 그만두시고 나니, 정부에서 운영하는 아이 돌보미를 신청했는데 이게 그야말로 유명무실했다. 보모와 연결하는 것에만 몇 날이 걸렸고, 겨우 사람을 찾고 나면 하루 아이를 돌보고 나서 연락도 하지 않고 안 나타나는 경우도 있었다. 뭐 이해가 되기도 했다. 국가가 운영하는 곳보다 비용이 좀 더 비싼 사설 아이 돌보미에서는 상대적으로 쉽게 사람을 구할 수 있었다. 그러나 그것도 종일은 불가능해서, 오전 중 보낼 수 있는 사설 유치원을 물색했다.

뒤늦게 아이를 보낼 수 있는 유치원은 하나도 없었다. 주거 밀집 구역이다 보니, 몇 달 전부터 대기하지 않고서는 유치원이나 어린이집에 보내는 것이 불가능했다. 아이가 갈 수 있는 곳은 단 한 군데, 영어유치원뿐이었다. 비용도 만만찮고, 그 무엇보다 우리의 교육철학으로도 용납할 수 없었지만, 그 외엔 대안이 없었다. 그야말로 울며 겨자 먹기로 그곳에 보내야만 했다.

그 시절 아이는 별난 만큼 학습 능력이 뛰어났다. 두 살 때 구구단을, 그것도 랜덤으로 다 외웠고, 심지어 인수분해까지 가능했다. 숫자를 인지하는 데 거침이 없었고, 글자도 쓰지는 못했지만 읽기는 이미 스스로 익히고 있었다. 그러다 보니 유치원에서 국어, 수학 시간에 당연히 자리에 앉아 있지 않았다. 아이에게는 이미 다 아는 것을 얌전히 듣고 앉아 있을 이유가 없었다.

자기가 모르는 원어민 시간과 요리 시간을 제외한 모든 시간에 밖에 나와서 유치원의 가전제품이란 가전제품은 죄다 만지고, 이 중 잠금 장치까지 풀고 탈출해서 엘리베이터에서 놀고…… 급식 외면과 편식은 기본이었다. 결국 3개월 만에 아이는 쫓겨났다. 3개월간 유치원에서도 최선을 다해 노력했으나, 결과적으로 실패했다.

다행히 그만두셨던 이모님께서 3개월 만에 다시 오셔서 아이의 삶은 정상으로 돌아왔다. 그나마 미술 학원과 피아노 학원을 보내면서 친구들과 노는 시간을 가지도록 해주었다.

일곱 살 때 다시 유치원을 보내려고 여기저기 기웃거렸는데, 역시나 자리가 없다. 자리가 부족하니 유치원들이 완전 '갑'이다. 이해가 안 된다. 저출산, 고령화 운운하면서 아이를 보낼 유치원이 50% 정도만 수용 가능하다고 하니, 이것이 무슨 일인가 싶다. 암튼 또다시 울며 겨자먹기로 영어유치원인 SLP로 아이를 보낼 수밖에 없었다.

보내면서 또 쫓겨날까 봐 노심초사였다. 다행히 아이가 전혀 알지 못하는 영어를 가르치니, 아이는 엄청 재밌어했다. 틈틈이 문제가 있기는 했지만, 기껏해야 한 반에 여섯 명밖에 안 되니 그 정도는 잘 해결해주었다. 붙임성 있고 귀여운 구석이 있는지라 선생님들께서 아이를 진심으로 사랑해주고 아껴주었다.

초등학교에 입학하면서 1년간 배운 영어가 아까워서, 그리고 언어에 무척 관심이 많은 아이인지라(심지어 중국어 학원 보내달라고 요청하고, 이 말은 일본어로 뭐냐고 묻기까지 한다. 아으, 힘들다.) 그냥 초등학교 마칠 때까지는 한 곳에서 꾸준히 배우기로 결정했다. 그리고 다니고 있던 태권도장 역시 중학교까지는 무조건 배우던 곳에서 계속 다니게 할 작정이다.

아들을 낳으면서 내가 아이에게 가진 로망이 있다. 음악 그것도 클래식 음악을 좋아하는 난, 음악하는 남자가 참 멋지게 보인다. 그 중에서도 피아노와 첼로를 켜는 모습이 참 멋있어 보인다. 그러나 아쉽게도 아이는 아직까지는 피아노와 첼로 등 음악에 전혀 관심이 없다. 절대음감을 가지고 있고 박자감도 나보다 더 뛰어남에도 불구하고, 노래는 좀 불러도 피아노와 첼로에는 관심이 전혀 없다. 피아노 학원을 2년이나 다녔지만, 문자 그대로 놀러 다녔다. 그 어떤 분야보다 내가 열망과 관심을 품고 있는 분야임에도 불구하고, 피아노 학원은 그만두게 할 수밖에 없었다. 놀 시간이 없다고 투덜거리는 아이에게 피아노 학원까지 들이댈 수 없었다.

모든 가르침은 아이가 스스로 관심을 가지고, 열의를 가질 때 효과적이다. 부모의 열망에 의해 주입하는 경우, 자라서 자의식을 갖게 되면 그만두게 되어 있다. 피아노나 첼로는 6년을 배우든, 7년을 배우든 1년만 손 놓고 있으면 바로 무능력자가 되어버린다. 그간의 비용과 시간, 노력만 아깝게 될 뿐이다. 자기가 관심이 있으면 아무리 말려도 다니고 집에서도 연습하지만, 관심이 없으면 딱 배움터에 가서만 한다. 그렇게 해서는 효과가 거의 없다고 보면 된다.

결국 나의 열망은 잠시 유보하기로 했다. 아직 포기는 하기 싫다. 그 언제가 될지 모르겠지만, 스스로 피아노에 앉을 때까지 아님 첼로를 가르쳐달라고 할 때까지 그리고 그 요청이 적어도 4개월 정도는 지속되고 혼자서 연습도 꽤 할 정도가 될 때, 가르쳐보려고 한다. 그렇지 않으면 슬프지만 포기해야만 한다. 지금의 상황을 볼 때, 포기가 맘 편할 듯싶다.

음악이든 미술이든 아마추어로 예술을 향유하는 것은 삶과 정서를 풍요롭게 해주는 게 틀림없다. 그러나 내가 그렇다고 해서, 남들에게까지 특히 자식에게까지 강요해서는 안 될 듯하다. 무엇이든 주체적으로 하겠다고 나설 때까지 기다려야 한다.

물론 아이가 내가 원하는 삶을 갈망할 수 있는 환경은 은근히 제시해줘야 할 듯싶다. 환경을 만들어주고 간접적으로 압박하는데도 불구하고 아이가 전혀 관심을 가지지 않는다면, 그땐 포기해야 할 듯하다. 그것이 예술이든 학문이든 운동이든 모든 부분에 다 적용될 것이다.

이미 사둔 바이엘 피아노 교본을 보며, 그리고 음악학원을 잘 다니고 있는 다른 아이들을 보며 아직도 불쑥 실체를 내미는, 아이에 대한 나의 욕망을 다스리고 또한 내려놓는다. 아이의 인생은 내 것이 아니라, 아이의 것이다. 부모는 아이의 기호와 취향, 능력을 인정하고 존중해야 한다. 난 그저 도우미이다. 아이의 모든 것을 인정하고 존중하자!!!!

18 선배들에게 덤비다!
사연 있는 몸싸움

오전에 아이의 담임 선생님으로부터 문자가 왔다. 아이가 학교에 다니기 시작하면서, 학교로 예상되는 국번의 전화번호가 찍히면 가슴이 철렁 내려앉는다.

오늘은 아이가 쉬는 시간에 운동장에서 2학년이랑 싸웠다는 것이다. 그것을 야단치니 담임 선생님께 주먹을 휘둘렀다고 한다. 그러니 회초리 두 대를 때려달라는 문자였다.

헉! 이건 뭐지? 아이의 훈육을 위해 아이의 아버지랑 작전을 짜고 있는데 또 문자가 온다. 오전에 혼나고도 반성하지 않고, 점심시간에 운동장에서 또다시 그 2학년 형들과 흙을 뿌리면서 싸웠다고 한다.

'꼭지가 돈다'는 것은 이럴 때 쓰는 말이다. 이럴 땐 내가 먼저 세게 나가야 한다는 생각에 형사처벌 운운하면서 단단히 준비하고 있다고 결의에 찬 문자를 보냈다. 그랬더니 오히려 선생님께서 '사랑하는 제자' 운운하면서 선처를 부탁해 오셨다. 선생님께서 이 사건을 그리 크게 생각하지 않으신다는 증거이다. 내심 다행으로 생각하면서 학교에 아이를 데리러 갔다.

아이는 벌써부터 내 눈치를 힐끔힐끔 보면서 자기의 죄를 고백한다. 자기가 잘못했다고, 아빠에게 몇 대 맞겠다는 말까지도 스스로 한다.

집에 와서 아빠랑 단독 면담의 시간을 상당히 오랜 시간, 거의 40분쯤 가졌다. 이후 방에서 나오는 모습이 아주 즐거워 보인다. 뭐야? 싶어서 물어봤더니, 싸움엔 사연이 있었고, 스스로 이미 잘못을 깨닫고 있기에 그냥 타이르고 끝냈다고 한다.

바람이 많이 분 오늘, 꺾인 나뭇가지가 운동장에 뒹굴고 있었다고 한다. 아이가 그 나뭇가지를 가지고 노니, 2학년 형들이 단체로 몰려와서 아이에게 나뭇가지를 넘기라고 했다. 아이는 당연히 거부함으로써 자신의 권리를 지켰다.

그런데 2학년 형들이 아이를 교장실로 데리고 가겠다고 협박했다고 한다. 나중에 안 사실인데, 교장실에 데리고 간다는 것은 학교 사회에서 가장 큰 협박이라고 한다.

아이는 안 가겠다고 말했고, 2학년들이 강제로 아이를 끌고 가려고 했다. 아들은 안 끌려가려고 철봉에 매달려서 2학년들에게 발길질을 하다가 수업 종 소리를 듣고 교실로 들어왔다고 했다.

이 모든 사태를 창밖으로 내다본 선생님께서는 자세한 내막은 모르고 눈에 보이는 현상만 보고 아이를 야단쳤고, 아이는 자기가 꾸중을 들은 게 분해서 분노를 표출한 것이다. 그러고도 분이 안 풀려서, 점심시간에 나가 2학년 형들에게 흙을 뿌리며 싸운 것이다.

이 모든 사연은 아이 아빠가 이것저것 질문해서 시간의 흐름에 따라 재구성한 것이다. 선생님께서도 어떻게 된 일인지 물어보셨겠지만, 말이 서툰 아이여서 전모를 파악하시기엔 아마 아이의 설명이 부족했을 것이다.

사연 없는 무덤 없다고 하더니, 다 듣고 보니 저 정도는 누구나 다 경험하는 싸움이라는 생각이 들었다. 하기야 나는 지금의 아들보다 더 어린 나이에, 친언니 이마에 돌을 던져서 유혈 사태까지 벌인 장본인이다. 선생님께서 개입해서 일이 좀 커졌다는 거지, 그냥 뒀으면 아무 일도 아닌 것으로 끝날 수도 있었다.

물론 사태를 목격한 선생님의 개입은 지극히 당연한 처사였다. 그러나 '별거 아니네'라고 덮을 수 없었던 아이 아빠는 아이에게 물었다고 한다.

"네가 잘한 게 뭐냐."

"잘한 것 없어요."

"몇 대 맞을래?"

"맞기는 싫어요."

그리고 아이는 다시는 싸우지 않겠다고 결심했다고 말했다. 다시 싸우면 그때 처벌하기로 하고, 좋게 끝냈다고 했다.

이 사연을 다른 학부모에게 이야기했더니, 완전 근성 있다고, 자기 아이에게 저 집 아이 절대로 건드리지 말라고 해야겠다고 농담 반 진담 반으로 이야기한다. 내가 봐도 뒤끝 작렬이다.

하기야 내가 그렇다. 잘못해서 혼나는 것은 감수할 수 있다. 그러나 내가 도무지 잘못이라 인정할 수 없는 일로 반성을 강요할 때는 도무지 용납할 수가 없었고, 그것은 지금도 그러하다.

암튼 일종의 해프닝이지만, 오전 중엔 상당히 긴장했던 일이다. 요즘 학교에서 벌어진 일들을 교사가 해결할 수가 없다고 한다. 처벌과 폭력에 대한 금지 조항 때문이다. 그러니 부모가 몰라도 되는 여러 가지 불편할 일들까지 알게 되고 개입할 수밖에 없다. 장점이 있으면 단점도 있게 마련이다.

19 받아쓰기
동상이몽

받아쓰기는 국어 교육과정에 맞춰서 어휘들뿐만 아니라 나오는 순서까지 프린트해서 미리 나눠준다. 시험을 칠 예정이니 가정에서 미리 공부시키라는 뜻이다. 그 전날 시험 범위를 한번씩 쓰는 것이 과제로 나오기도 한다.

초등학교 1학년인데 둘째 주부터 과제가 나왔다. 주로 책 읽기 그리고 간단한 어휘들 써 오는 과제이다. 그런데 간단하다는 그 어휘들이 그리 간단하지가 않다. 집에 있는 사물들의 이름을 적어 와라, 봄이면 달라지는 집 안 풍경들을 적어 와라, 물에 사는 동물들의 이름을 적어 와라 등등……. 그리고 수학 익힘책에 아이가 수업 시간에 푼 문제를 채점해달라는 요청도 있다. 대충 적어 가게 하면 혼자서 가능한데, 내 아이는 쓰기가 아직 익숙하지 않은 터라 같이 해야만 한다.

자음자와 모음자를 제시하고, 그 음운이 들어가는 어휘들을 적어 오라는 과제도 있었다. 아이는 자음자는 어렵지 않게 해냈지만, '여', '으' 등이 들어가는 어휘를 생각해내질 못했다. 한마디로 혼자서 하기 힘든 과제라는 것이다.

또한 쓰기를 좀 더 빨리 익히게 하고 싶고, 분류 체계 또한 가르치고 싶은 내 욕심까지 개입되면 아이가 하는 과제가 아니라, 부모와 아이가 함께 하는 과제가 되고 만다.

과제는 혼자서 할 수 있을 정도의 난이도로 내줘야 한다. 그렇지 않으면 의존적인 아이로 자라기 쉽다. 결국 난 욕심을 버리고 과제에서 손을 뗐다. 처음에 혼자서 과제를 하라고 하니, 이미 나와 하는 것에 익숙한 아이는 혼자서 하려 하지 않았다.

어쩔 수 없이 '포인트'라는 강화를 내걸었다. '닌텐도 포인트'이다. 받아쓰기나 영어시험에서 100점을 받아 오거나, 아침 자습 시간과 점심시간에 얌전히 앉아서 책을 읽어서 선생님께 스티커를 받아 오거나, 혼자서 과제를 훌륭하게 잘 하면 점수를 줘서 그 점수에 따라 닌텐도 게임에서 아이템을 살 수 있는 포인트를 구입해주기로 했다. 몇 학년쯤 되면 강화 없이 자기가 해야 할 일을 좋아서 아니면 자존감을 지키기 위해서 스스로 할 수 있을까.

닌텐도 게임을 무척 좋아하는 아이에게 포인트 강화는 적효했다. 받아쓰기는 무조건 100점을 받았고, 영어시험을 평소 실력으로 쳐서 꼭 한두 문제씩 틀리던 아이는 이후 신경 써서 100점을 받으려고 애썼다.

오늘도 받아쓰기 100점을 받고, 아이는 교실 밖에서 기다리는 나를 찾지도 않고 혼자서 집에 돌아왔다. 집에 들어서자마자 받아쓰기 100점이라고 할아버지 할머니께 큰소리 뻥뻥 치고, 자랑하고 있었다.

들떠서 방방 뜨는 아이의 모습을 할머니 할아버지는 너무나 사랑스럽게 쳐다보고 계셨다. 100점을 받아서가 아니라, 아이가 좋아하는 모습에 나도 덩달아 기분이 좋아졌다. 아이 역시 100점을 받아서가 아니라 포인트가 쌓인다는 것 때문에 너무 좋아하는 듯하다. 아이의 받아쓰기를 두고, 가족 모두는 각자 다른 꿈들을 꾸고 있었다.

20 즐겁고도 고단한 생일 파티

드디어 생일파티 D데이이다. 이날을 위해 아이의 생일이 3월에서 6월까지인 학부모 일곱 명이 여러 번 모였다.

첫 번째 모임에서는 시간, 장소, 준비할 음식 및 과정 등을 결정했다. 두 번째 모임에서는 장을 봤다. 과자, 김밥, 콜팝, 과일, 케이크, 떡, 물휴지, 일회용 컵과 접시, 수저 등 준비할 것은 끝도 없었다. 장보기는 한 번으로 끝나지 않아, 두 번에 걸쳐 대형 마트를 오간 끝에 겨우 준비를 마쳤다. 나는 그 두 번의 장보기에 모두 참여했다.

몸이 약한 나는 체력 소모가 심한 대형 마트를 아주 싫어한다. 1년에 한두 번 갈까 말까. 그런데 한 달 사이에 두번이나 그것도 아주 오랜 시간에 걸쳐 천천히 장을 보는 데 참가했다.

초청장을 만들어서, 생일 파티 하루 전날 아이들을 통해 돌렸다. 고학년 엄마들이 많아서인지 엄마들은 생일파티 준비에 아주 유능했다. 꼼꼼하고 세심하게 인원을 점검하고 준비해 나간다. 정말 드림팀이라 할 수 있는, 환상적 조합이다. 생일 파티 준비에 든 시간 따지면, 총 20시간 정도는 들었다.

생일파티 장소는 집에서 차로 10분 정도의 거리에 있는 아이들 실내 놀이터이다. 규모가 크지 않아서 아이들 생일파티 하기에 좋은 장소이다. 꼼꼼한 엄마들이 차량 준비 및 배치, 주차장 소개 등등 모든 준비를 제대로 했다.

그리고 오전 10시 일찍부터 모여서 생일파티를 가졌다. 서울에 가기로 되어 있었던 한 명을 제외하면 반 전원이 모였다. 사전에 협의한 대로 선물은 일체 금했다.

실내 놀이터에서 아이들은 그야말로 세상 떠나가듯 소리를 지르면서 놀기 시작한다. 딱 30분만 있으니, 혼이 몸을 떠나는 유체이탈을 경험했다.

그 와중에 엄마들끼리는 서로서로 이야기한다. 내 목소리도 안 들리는 상황에서 대화가 된다. 편식 심한 내 아이는 먹지도 않고, 여기저기 다니면서 논다. 애들이랑 잘 어울리지도 그렇다고 아예 안 어울리지도 않는다. 약간은 관조적이고, 방관자적 태도이다. 그러나 감사하게도 부모들이 내 아이를 잘 챙겨주었다.

실내 놀이터에서는 1시까지만 놀고 철수했다. 그것으로 끝일 줄 알았는데, 학부모들과 아이들의 모임은 1차로 끝나는 법이 없다. 2차로 아파트 놀이터로 장소를 옮겨, 무려 5시까지 놀았다. 엄마들은 정자에 앉아서 놀고, 아이들은 놀이터를 마구 휘저어가며 열심히 놀았다.

3시쯤 되니 난 더 버티려야 버틸 수 없는 지경에 이르러, 염치 불구하고 다른 엄마들에게 뒤처리를 부탁하고 집에 들어와서 누웠다.

초등학교 학부모가 되는 것은 완전 체력전이다. 아니 육아 자체가 정말 체력전이다. 아들을 낳았을 때, 병원 의사부터 간호사까지 내가 애를 어떻게 키울까 걱정했다는데 200% 이해가 된다. 체력 고갈에서 해방될 수 있는 때는 언제쯤일까?

엄청난 체력과 시간의 소모에도 불구하고 몇 명의 수고로 다수가 행복한 시간을 보냈다. 이럴 때 난 뭔가 보람을 느낀다. 그 모임의 성격이 생산적이지 않고, 가시적인 성과가 없다 할지라도, '행복감'과 '추억'이라는 정신적 가치가 상당수의 맘속에 가득하다면 내가 한 일 중 세상에서 가장 잘한 일이라는 생각을 한다.

아들의 생일파티…… 언제까지 준비해줘야 하나 생각하면 아득하기는 하다. 그러나 지나고 나면 잠깐일 듯. 해줄 수 있을 때, 기쁜 맘으로 해야겠다.

21 학부모에겐 극기훈련, 체육대회

초등학교 체육대회란 말보다는 운동회라는 말이 더 친근한 느낌을 준다. 내가 초등학교 다니던 시절, 아니 국민학교 다니던 시절 운동회는 그야말로 마을 전체의 잔칫날과 같았다.

2학기 개학과 동시에 학생들은 운동회에 선보일 전체 율동을 준비하느라 매일매일 운동장에서 한두 시간씩을 보낸다. 그때 어린 나이로는 꽤 길고 복잡했던 단체 율동을 줄 맞춰서, 옆 친구들과 호흡 맞춰서 하느라 정말 구슬 같은 땀을 흘렸었다. 그러면서 타인과의 조화와 협동, 단결 등을 배웠던 것 같다.

운동회날 학교 운동장은 만국기로 휘날렸고, 그 운동회 음악, "달려라 달려/이겨라 이겨/빨리 빨리 달려서 이겨-라/오늘의 승리는 우리의 ○군/랄라라라라라라 ○군 만세!"가 마을 전체에 울려

퍼졌다. 1학년에서 6학년까지 전체가 단체 율동, 달리기, 릴레이 그리고 경쟁 경기를 하느라고 운동회는 거의 4시쯤에야 끝났었다.

아이가 그 추억의 운동회를 한다고 한다. 초등학교 1학년의 전매특허 〈꼭두각시〉를 한다고 한다. 선생님께서는 2주 전부터 반 홈페이지에 동영상을 올려, 집에서 동작을 익혀 올 것, 미리 한복을 준비할 것을 공지했다. 한복이 없는 부모들은 인터넷 사이트에서 구입 루트를 찾아, 같이 구입하면 좀 더 싸다면서 알뜰살뜰 준비했다.
준비물을 일일이 구하고 챙기는 것은 은근히 힘들다. 학부모들이랑 친해지고 나니, 다 같이 준비물을 고민하고 준비하면 한결 편한 부분이 있다. 여자애들을 키우는 부모들은 어쩌면 좀 더 예쁘게 보일까를 고민하면서 한복을 개조할 것을 고민하기도 한다. 막상 아이들보다 1학년 학부모들의 기대와 관심이 더 큰 듯했다. 난 몸치인 아들을 잘 알기에 일찌감치 기대를 접었다. 유치원에서 추석행사 하느라 구입했던 한복이 있어서 별 준비할 것은 없었다.

그러나 난 비운의 반 대표였던 것이다. 체육대회 날은 반 대표들 총동원의 날이다. 각종 행사의 도우미를 해야 하고, 작년까지는 물이나 간식 등도 넣었다고 한다. 그러나 올해는 다행스럽게 체육대회, 어린이날 모두 아무것도 넣지 말라는 단체 문자가 왔다. 반 대표들 사이에서 설왕설래 말들이 좀 있기는 했지만, 나는 누가 뭐라고 해도 학교 측과 선생님의 말은 액면 그대로 수용한다, 하지 말라는 것은 절대 하지 않는다가 원칙이다. 그냥 자기 아이가 먹을 물만 각자 준비하면 되는 거다. 마치고 급식도 나오니 준비해야 할 것은 아무것도 없었다.

2학년 이상 고학년 대표들은 전체 행사들을 맡아서 돕고, 1학년 대표들은 담임 선생님을 도와 각 반 질서를 담당하면 된다고 한다.

그나마 다행이긴 하지만, 결론적으로 난 체육대회를 하는 9시부터 12시까지 계속 서 있어야 한다는 말이다.

오! 마이 갓! 내 체력에 그게 가능한 걸까? 고등학교 졸업한 후, 숨쉬기 운동 외엔 어떤 운동도 해본 적이 없는 난 저질 체력 중에서도 단연코 둘째가라면 서러운 바닥 체력과 근력의 소유자이다.

며칠 전부터 체육대회 도우미 생각하면 하면 가슴이 답답해왔다. 한동안 만나는 사람마다 내가 체육대회 도우미를 해야 한다고 걱정을 늘어놓으며 하소연했다.

날 아는 사람들은 다들 공감했다. 보약 먹는 것으로 해결이 되겠냐며, 그냥 1학년 때 확 쓰러지는 것이 답이라는 조언까지 해준다. 앞으로 6년이나 있는데, 지금부터 확실하게 캐릭터 정하고 가는 것이 좋지 않겠냐고 쓰러지는 요령까지 가르쳐준다. 아니 어설프게 쓰러지다가는 이것도 저것도 안 되니, 그냥 자리에 주저앉으라고 한다. 나름 좋은 방법이지만, 그럴 정도로 힘들면 몰라도 꾀병은 좀……

　암튼 격전의 날이다. 어제까지 폭우에 가까운 비가 쏟아져서 연기하니 마니 말들이 많았지만, 다행스럽게 아침에 날이 갠다. 운동장 상태도 그냥 할 만하다. 교장 선생님과 담임 선생님들께서는 6시까지 학교에 와서 운동장 상태를 점검하고 준비했다고 한다. 초등학교 교사는 정말 아무나 하는 것이 아니다.

　1, 2학년이 앉는 스탠드가 아직 덜 말랐다. 그래서 부모들이 야외에서 쓰는 자리를 가지고 하나둘씩 나타난다. 나도 공진단 입에 틀어 넣고, 드디어 체육대회 시작이다.

　몇십 년이 흘러도 음악과 순서 그리고 동작이 변함없는 국민체조를 시작으로 체육대회가 시작되었다. 1학년은 달리기와 〈지구는 둥글다〉라는 공굴리기, 그리고 학부모들이 2인 삼각 경기, 꼭두각시, 1학년부터 3학년까지의 릴레이, 이렇게 프로그램이 예정되어 있다. 그 모든 프로그램을 선생님은 앞에서 난 뒤에서 아이들이 반대열을 이탈하지 않도록 돼지치기 하듯이 몰고 다녔다.

　내 아들은 달리기에서 꼴찌를 했다. '준비!' 하니까 태권도 자세로 '얍!' 소리까지 내면서 준비를 했다. 그래서 좀 달리나 했더니, 출발과 동시에 전력질주가 아닌 마라톤 달리기 자세로 여유 있게 뛰어간다.

공굴리기는 3반이 속해 있는 청군이 졌다. 담임 선생님께서 속상해하신다. 릴레이는 청군이 이겼다. 난 쓸데없는 것에 승부 근성이나 집착이 거의 없다. 그런데 거-참, 애들 릴레이 뛰는 모습을 보니 그야말로 피가 끓는다. 이래서 릴레이는 운동회의 꽃이라고 하나 보다. 1학년 3반 선수로 나선 아이들이 정말 잘 뛴다. 특히 ㅌ은 발군의 스피드이다. 선수들끼리 달리는 데에도, 현격한 차이를 내고 배턴을 넘긴다. 졸업 때까지 ㅌ이랑 같은 편이 되길 바란다.

드디어 1학년 단체 무용, 꼭두각시! 남자애들 머리에 흰 두건을 두르니, 다들 마당쇠로 변신한다. 내 아이는 피곤한지 얼굴이 맛이 간다. 예쁜 여자아이와 짝이 되어서 하는데, 짝에게 미안하게도 연기에 배려가 없다. 남들은 다 말이 되어서 신부를 태워주는데, 내 아이는 무릎을 꿇지 않는다. 제대로 못 하는데도 불구하고 정말 내 아이 외엔 그 누구도 눈에 잘 안 들어온다. 자기 자식만 싸고도는 부모는 안 되고 싶은데.

운동회를 마치고 나니, 복도와 교실이 흙투성이이다. 고학년 엄마들이 교실이랑 복도 청소하고 가야 한다고 귀띔을 한다. 헐! 이미 영혼이 육신을 빠져나갈 만큼 모든 에너지 고갈인데, 여기에서 청소까지 해야 한다고?

그러나 우리 담임 선생님, 내 표정에서 내 상태를 알아차리신 듯싶다. 아이들의 안전 귀가가 우선이라고, 무조건 애들 데리고 집에

빨리 가라고 하신다. 여러모로 유능하고, 할 일 잘 하시는 울 쌤 최고다.

다른 반 대표들은 대충 청소를 했다고 한다. 다들 애들 데리고 분식집 가는 듯싶은데, 난 그냥 바로 집으로 직행했다. 전화가 왔지만, 무조건 그냥 집에 들어와서 몸져 누웠다. 운동회가 정말 가장 힘들다. 이걸 6년 동안이나 해야 한다니 그저 암담할 따름이다.

역할과 임무를 다하고 나니 긴장이 풀려서 힘들었다는 생각이 든다. 그러나 운동회의 매 순간이 너무 재밌다. 아들의 반 친구들 한 명, 한 명이 너무 예뻤고, 내 어린 시절 생각도 많이 났다. 아이를 키우면서 인생을 두 번 산다는 것을 깨닫는다. 아이의 모든 성장과정은 내 성장과정과 클로즈업 된다.

지나간 시간들은 다 미화되어 보관된다고 라캉은 말했다. 내 경험에만 너무 얽매이거나 집착하지 않는다면, 두 번째는 보다 더 능숙하고 현명하게 살아갈 수 있을 듯도 싶다. 그러나 육아와 교육엔 변수가 너무 많고, 정말 자식은 내 맘대로 되지 않는다.

어쨌거나 체육대회라는 한 고비를 무사히 넘겼다.

22 학부모 사회만의
규칙들

　학부모들 사회에는 다른 조직과 조금 다른 특징이 있다. 보통 일을 하다가 친해지고, 그러면 삶과 생활을 나누는 것이 다른 조직 사람들과의 사적 관계라면, 학부모 사회는 그 반대이다. 아이를 같은 학교, 같은 학년에 보낸 것 외엔 어떠한 공통점이 없는 사회이다. 그럼에도 불구하고 서로서로 아주 친한 사이가 아니면 할 수 없는 말과 생활을 공유한다. 이제 겨우 얼굴만 익히고, 아직 이름도 익숙하지 않은 상황인데도 단체 카톡에 '코스트코 같이 가자', '번개 모임' 등의 글들이 자주 올라온다. 선교제, 후교감이다.

　처음엔 이해도, 적응도 되지 않았다. 이제는 그러려니 싶다. 서로를 이해하거나 공감이 형성되어서 이루어진 친분 관계가 아니고, 무슨 이유든 상호 필요에 의해서 이루어진 관계이다. 친한 듯 보이지만, 가깝지는 않은 사이. 그래서 서로 다른 스타일의 행동과 삶을 이해해주기보다는 일회성이나마 가십거리가 되는 듯하다. 그래서 학부모 사회는 말도 많고, 탈도 많다.

　그 말이란 것도 심각한 마녀사냥이 아니라 그냥 남다른 사실 관계를 지나가는 이야기로 했을 뿐이다. 그런데 당사자는 남들 입에 회자되었다는 사실 자체를 부담스러워하며 편하게 수용하지 못한다. 내가 늘 주장하지만, 남들은 어차피 남일 뿐, 타인의 삶에 지대한 관심이 없다. 있어도 심각한 관심들이 아니다. 그냥 남들이 뭐라고 하든 신경 끊고, 자기 하고 싶은 대로 하면 된다.

두 번째 학부모 사회의 특징은 비밀이 없다는 것이다. 남들에게 관심 많은 사람들이 많은 것이 우리 사회의 특징 중 하나지만, 초등학교 학부모 사회엔 유달리 그런 사람들이 많다. 학부모들도 그렇지만, 교사들도 그렇다. 그래서 그냥 '이 일은 우리 둘만 알자', 이런 것은 애시당초 포기해야 한다.

정보화 사회에 개인 정보 노출을 꺼리면, 그 어떤 정보에 접근이 되지 않거나 혜택을 누리지 못하는 것이랑 똑같다. 그 정보들이 학부모 모임의 알파와 오메가이다. 초등학교 교사들은 그냥 연예인이라고 생각하면 된다. 그야말로 일거수일투족이 학부모들의 화제가 된다. 모든 것들은 사실 그대로가 아니라 적절히 변형되고, 주관적 평가까지 추가되어 퍼져나가서, 전교에 알 만한 사람들은 다 알고 있다고 생각하면 된다.

그러니 그냥 모든 들려오는 이야기들은, 나와 관련이 있든 없든 한 귀로 듣고 한 귀로 흘리면 된다. 오히려 비밀리에 소수만 모여 이야기를 나누다가 이른바 '사고'들이 발생한다. 모든 것을 다 공개하고 움직이면, 말은 나지만 말썽은 나지 않는다.

고학년 엄마 중 한 명이 충고한다. 모든 것을 내놓지 말라고. 안 내놓는다고 실체가 감추어지지도 않을 뿐 아니라, 그 태도까지 말이 된다는 것을 그 엄마는 모른다. 안 내놓는다고 해서, 말을 안 한다고 해서 남들이 모르는 사회가 아닌 것이다.

내 경험상 초등학생 아이들의 교우 관계는 짧게는 6년, 길게는 평생이 될 수 있고, 그로 인한 학부모 관계도 마찬가지다. 말이 아니어도, 눈빛만 봐도, 표정만 봐도, 걸음걸이만 봐도 정말 알 것은 다 알게 되어 있다. 그 기간 동안의 가식과 위선들…… 그걸 끝까지 들키지 않고 지킬 수 있는 사람은 죽은 자 외엔 없다. 정말 알 것은 대충 다 알게 된다.

세 번째 학부모 사회의 특징은 생산적인 모임보다는 소모적 모임을 더 선호한다는 것이다. 연애할 때도 그냥 만나는 시간들이 아까워서, 스터디를 제의해서 만날 때마다 책 한 권씩 뗐던 전력이 있는 나로서는 이게 참 갑갑했다. 그래서 미술관에서 만나는 모임도 제안했고, 아트페어나 독서 모임 후 밥 먹으면서 삶을 나누는 것을 제의했지만 모두 다 실패했다. 몇몇은 좋아했지만, 아주 극소수에 불과했다. 결국 포기했다.

학부모 모임은 수다와 놀이, 맛집 탐방을 통해 일상과 육아의 스트레스를 풀고, 교육 정보를 교환하는 자리이다. 골치 아프게 책을 읽거나 그림을 보는 것을 좋아하지 않았다. 카톡에서 나누는 정보 역시 좋은 음악을 같이 공유하는 문화적 정보보다는 맛집과 놀이 공간, 주말 여행 장소를 나누는 것이 더 좋은 것이다. 이러한 시간들이 없으면, 고달픈 일상을 지탱하기 힘든 것이다.

인정한다. 단언컨대 직장 업무보다 육아가 최소 다섯 배는 더 힘들다. 일의 물리적 강도도 그렇지만, 변화 없고 가시적 성과가 없다는 점에서 시너지가 창출되지 않아서 정말 힘들게 느껴진다. 그런데 대한민국 직장맘들의 고충은 직장 일과 육아와 교육을 모두 해야 한다는 것이다. 직장에서 기량의 바닥까지 다 털리고 집에 돌아오면, 그보다 다섯 배는 더 힘든 집안일들이 있다. 정말 미션 임파서블이다. 그러나 대한민국 직장맘들은 다들 톰 크루즈처럼 다 수행하고 완수한다. 정말 정말 대단하다.

네 번째 학부모 사회의 특성은 수많은 대화 중 진정한 소통이 이루어지지 않는다는 것이다. 교사들은 내게 말한다. 학부모들은 교사도 아니면서 자신의 경험만 내세워서, 이렇게 하면 선생님들이 좋아한다, 싫어한다 하며 스스로 짐작해서 행동한다고. 교사의 'No'는 'No'가 아니라고 하며 이른바 '교사어 사전', '교사어 번역기'를 자의적으로 고안해낸다.

이 관계는 학부모들 상호 관계에도 적용된다. 다들 자신만의 사전과 번역기를 가지고 있다. 그래서 소통은 불가능하고, 전달과 표현, 적절한 외교적 발언들이 난무한다. 자기 자식의 장점만 떠들면 다들 재수 없어 한다는 것을 잘 알아서인지 장점을 단점으로 바꿔 고민처럼 늘어놓는다. 눈치 없이 그 발언에 동의하면 안 된다. 원래

의도를 재빨리 알아차려서 잘 대응해야 한다. 이런 태도가 몸에 배어서인지, 아니면 남의 자식들에게선 장점들만 보이고 자기 자식은 단점들이 주로 걱정되어서인지 다들 의식하지 않아도 잘 한다.

그 밥에 그 나물이라고, 끼리끼리 논다고 늘 비슷한 사람들과 소통하고 살았다. 따라서 학부모 사회의 특징들이 낯설고 이질적인 것은 어쩔 수 없다. 그래도 나름 흥미로운 사회이고, 독특하고 고유의 성격을 지니고 있다. 서로의 다름이 받아들여지는 관계가 형성되기만 하면 악의 없는 수다와 긴장 없는 편안함들도 존재한다.

그런데 아이들을 키우다 보면 복식호흡을 하고 소리를 질러야 하는 경우가 많고 그것이 습관이 되다 보니 목소리들이 좀 크다. 학부모 모임을 집에서 하면 아무 문제가 없지만, 학부모 모임이란 본질적으로 집을 벗어나려고 하는 모임이다. 모임 자체가 원죄라고, 소란과 수다는 어쩔 수 없는 부분들도 있다.

학부모들은 스스로 조심하고 자제할 부분은 최대한 지키고, 사회 역시 '맘충'이라고 비하하기보다는 우리를 키워준 엄마들의 모습이려니 하고 조금은 관대한 시선으로 바라봐주면 좋겠다.

여름

ABC

5월 : 신나게! 활기차게!

푸르른 나날, 푸르른 아이들

23 아이들은 연습, 부모는 의상 준비, 합창대회 삼매경

학교에는 행사가 무지 많다. 체육대회 마친 지 얼마나 됐다고, 이번엔 또 합창대회이다. 합창대회 마치면 체험학습, 이른바 소풍이다. 학년별 합창대회는 저희들끼리 연습해서 저희들끼리 하는 대회이다. 채점하는 심사위원도 없고 순위도 아이들의 투표로 결정한다고 한다.

아이는 얼마전부터 〈검은 고양이〉 가사가 복사된 프린트를 가지고 와서 외워야 한다고 했다. 물론 외워야 한다는 건 선생님 말씀

전달일 뿐, 연습은 손톱만큼도 하지 않았다. 남자아이여서 그런지 아님 내 아이가 특별한 스타일이어서 그런지, 정말 철저한 준비와 연습, 반복 훈련, 이런 것은 전혀 기대할 수 없다. 단순 암기는 잘 하는 편이고, 실전에 강한 스타일이어서 제가 알아서 잘 외워 가겠거니 해서 냅뒀다.

아이들만의 행사가 부모들에게까지 영향을 미치게 되는 것은 바로 단체 의상 준비 때문이다. 보통은 하얀 티셔츠에 청바지, 이런 정도로 하는데, 〈검은 고양이〉는 아래위 모두 검은색을 입어야 한다는 것이 바로 우리가 봉착한 난관이었다. 선생님께서는 검은 옷이라는 가이드 라인만을 제시했기에, 그 해석에 다들 의견이 분분했다.

"짧은 거?"

"긴 거?"

"바지만? 치마도 되나?"

"아이들 옷에 검은색이 잘 없는데 비슷한 색깔로…… 네이비도 되나?"

정말 단체 카톡방에 불이 났다는 것은 이런 것을 두고 하는 말이다. 결국 내가 나서서 선생님께 물었다. 검은 고양이 분장이니만큼 긴 바지에 긴 소매 검은 옷으로 결정이 나서 학부모들에게 그렇게 통고했다. 또 난리가 났다.

"아이들 더울 건데……."

"요즘에 다 반팔 팔아서 검은 옷 사기 힘들다."

발 빠른 엄마들은 주변 백화점과 대형 마트 정보를 실시간 제공하기도 하고, 또 다른 엄마는 쇼핑몰에서 찾아서 소개도 한다. 정말 한바탕 난리였다.

내 검은색 폴라티를 아이에게 입혀봤더니, 놀랍게도 대충 맞는다. 길이만 좀 긴데, 그 안에 검은 레깅스 입히니 뭐 그냥 딱이다. 그래도 내 옷인지라 검은 옷을 구하다 안 되면 입혀야지 했다. 그러나 아이는 내 옷을 빼앗아 입었다는 게 마냥 좋은지, 한 번 입혀본 옷이었는데 벗지도 않고 학교까지 입고 갔다.

드디어 오늘 그 합창대회를 했다. 사실 아이들이 어떻게 부를까도 무척 궁금했다. 그 귀여운 아이들에게 전부 까만 옷을 입혀놓고 머리에 모자를 씌우면 어떤 모습이 될까도 참 궁금했다. 엄마들끼리 모여서 강당에 슬쩍 구경 가면 안 되나, 이런 생각을 할 정도로 궁금했다. 고학년 엄마들이 그런다. 고학년들은 하나도 안 궁금하다고. 1학년이다 보니 그런 것이라고 한다.

아이의 선생님은 참 유능하시다. 34년 차답게 정말 노련하다. 공개수업 때 큰 소리 지르지도 않고, 아이들을 집중시키고, 관심과 집중의 한계를 제대로 파악해서 아주 재밌게 수업도 이끌어가셨다. 체육대회 때에도 아이들을 어떻게 관리해야 하는지 이미 조직해둬서 힘들지 않게 잘 다루신다.

이번 합창대회 때도 역시 행사의 포인트, 즉 1등 하는 방법을 잘 알고 계셨다. 인기 투표이니 초등학교 1학년 아이들의 시선을 어떻게 사로잡는지 그 관심 포인트를 잘 잡아내셨다. 역시나 1학년 3반의 〈검은 고양이〉가 단연코 1위를 했다. 합창대회 후 아이들의 감상을 발표하게 했는데, 전부 〈검은 고양이〉 이야기만 했다고 선생님께서 아이들마냥 크게 기뻐하셨다. 나 역시도 기뻤다.

선생님들끼리 내기하셨다고, 1등한 반 선생님이 오후에 과일을 사기로 하셨다고 한다. 반 대표인 내가 준비하겠다고 해서 과일을 준비해서 가져다 드렸다. 그런데 1학년 선생님들이 이건 대표 엄마가 준비한 것이니, 3반 선생님이 다시 내야 한다고 해서 흔쾌히 그러기로 했다고 하신다.

중학교, 고등학교 때 반 대항 교내 합창 대회 같은 것을 매년 했었다. 학교 대표로 나가는 외부 대회도 늘 있었다. 음악을 좀 하는 편인 난 그때마다 지휘자나 반주자가 되어 선곡과 연습으로 항상 바빴다. 순위에 든 적도 있고, 들지 못한 적도 있었지만 그냥 그러려니 했다. 내 일은 그러려니 했는데, 아이의 합창대회는 그 자체만으로도 궁금하고 기대도 되고, 결과에 정말 세상을 다 얻은 듯 기쁘다.

행사 하나하나 쉽게 넘어가는 것은 없지만, 그 행사로 인해서 아이와 학교 구성원들 모두와 더 가까워지고 이른바 소속감이란 것도 생기는 것 같다.

24 친구들로부터 듣는 아들의 학교 생활

금요일날 갑자기 반 학부모들로부터 카톡이 왔다. 무슨 일 있냐고. 내 아이가 내일 우리 집으로 모이라고, 반 친구들을 문자 그대로 '싹–다' 초대했다는 것이다.

사후 통고를 그것도 학부모를 통해 전달받은 셈이다. 아무 일 없지만, 아들이 반 친구들을 초대했다고 하는데, 아들을 지키지 못할 약속을 하는 뻥쟁이로 만들 수는 없는 일이다. 그래서 그냥 대충 시간 되는 사람 모여서 부담없이 놀자고 했다.

내가 다니는 직장 근처 괜찮은 분식집이 있다. 꼬마김밥과 떡볶이, 순대, 튀김 등을 사다놓고, 커피와 탄산음료로 저렴한 번개 파티를 하기로 했다. 갑작스러운 주말 초대라, 그나마 다행히(?) 안 되는 사람들이 많아서 아이들 열 명과 엄마들 열 명이 모였다.

초등학교 저학년 아이들은 단체로 모이면 그 위력이 엄청나다. 일단 소리부터 지르고 본다. 평소 목소리 크지 않은 내 아이도, 친구들이랑 어울리기만 하면 목소리 톤이 올라간다.

장난감이 많지도 않지만, 모두 다 꺼내서 거실에 늘어놓고 몇몇은 모여서 놀고, 몇몇은 게임하고, 몇몇은 할머니가 제일 싫어하는 일, 즉 침대에 올라가서 방방 뛴다. 피아노 치고, 첼로 켜고…… 그냥 맘 다 비우고, 맘껏 놀게 내버려두는 것이 상책이다. 그 난장판에 부모들은 부모들끼리 식탁에 모여 앉아서 학교 일들과 아이들 일들을 풀어놓는다.

혼자 자랐고, 유치원을 딱 1년 그것도 영어유치원을 다닌 내 아이는 또래와 교류가 없어 말의 속도와 발전이 느리다. 게다가 부모를 닮아서 시시콜콜 다 이야기하는 성격이 못 된다. 그래서 학교에서 무슨 일이 있었는지 도무지 알 길이 없다. 그래서 엄마들을 만나야만, 내 아이가 학교에서 무슨 일을 했는지 알 수 있다.

내 아이는 약간 엉뚱한 말과 행동으로 학교에서 모르는 사람이 없다. 사회화가 덜 되어서 위아래가 없고, 어딜가나 기죽지 않는 당당함으로 어려운 사람이 없다. 남자아이이지만, 애교가 엄청나다는 개인기도 있다. 내가 봐도 약간은 위압감 느껴지는 포스의 2반 선생님에게 가서 손잡고 방실방실 웃으면서 생일파티 했다고 자랑한다고 한다.

암튼 아이들은 집에 가면 하루 동안 학교에서 아들이 저지른 갖가지 희한한 일들을 이야기한다고 한다. 얼마 전엔 선생님이 뭘 하시다가 실수를 하셨는데, 내 아이가 오른팔을 쭉 뻗고, 둘째 손가락을 좌우로 흔들면서 '쯔쯔쯔', 이렇게 혀를 찼다고 한다. 헐! 다행스럽게 선생님도 장난으로 넘기셨고, 이후 그 '쯔쯔쯔'는 1학년 3반의 유행어가 되었다고 한다.

뭐, 이런 정도는 사건도 아니다. 쉬는 시간만 되면 학교 탐험한다고 곳곳을 돌아다니고, 각 학년 각 반 교실이 어디 있는지 파악한다. 그리고 각 반 게시판을 1학년 3반 게시판과 비교한다. 배식카트가 들어가는 엘리베이터에 탑승해서 선생님을 놀래키는 엄청난 사고를 치기도 했다고 한다. 게다가 교무실이나 정보처리실까지 들어가서 전등 스위치를 끄고 켜면서 각각 스위치의 역할을 알아본다. 심지어 교장실도 서슴지 않고 들어간다고 한다. 왜 교무실에 들어가냐고 물어보니, 전 학년 교과서가 있어서 그거 보러 간다고 한다.

아이는 전체가 파악되어야 안정되는 성격이다. 어떤 건물에 들어가든 엘리베이터가 모두 몇 개인지 알아야 하고, 각 호수의 층간 위치와 기타 시설들의 위치와 알림 상태 등을 파악하기 위해 엄청 바쁘다. 책이라고는 쳐다도 안 보면서 전 학년 무슨 교과서가 있는지, 각 교과서에 무슨 단원이 있는지 그걸 알아야만 한다. 그래서 부모도 들어가고 싶지 않은 교무실을 수시로 드나든다고 한다. 아무리 자제시키려 해도 불가능이다.

암튼 점심시간 전후로 한 세 시간은 들었지만, 내 아이의 학교 생활을 알 수 있는 좋은 기회였다. 게다가 내 아이는 웬 여자아이랑 컵라면을 같이 나눠 먹다가 썸 타는 분위기가 되었다.

'싹-다 모여'의 세계에 입문한 아들이 친구들을 계속 초대할 의사를 밝혔다. 그래서 한 학기에 한 번씩만 하자고 다짐을 받았다. 지켜질지는 알 수 없는 일이다.

25 소풍날의 풍경, 엄마들의 끝없는 오버액션

아이가 초등학생이 된 후 첫 소풍이다. 정말 인생을 두 번 사는 것 같다.

내가 초등학교, 아니 국민학교 1학년 처음 소풍 갈 때의 심정과 사건들이 떠오른다. 그 전날 요즘의 마트에 해당하는 아주 커다란 로열슈퍼마켓에 가서 간식을 그야말로 잔뜩 샀었다. 당시 국민학교 소풍은 문자 그대로 먹으러 갔었던 것 같다. 일단 걷고 또 걷고 해서 목적지에 도착하면, 도시락과 간식을 먹는다. 다 먹으면 잠깐의 각 반별 장기자랑 시간을 가진 후 돌아왔었다.

김밥은 소풍날 같은 아주 특별한 날에 먹는, 그야말로 소풍의 화룡점정이었다. 왜 평소엔 김밥을 만들어주시지 않았는지, 지금 생각하니 이해가 가는 측면도 있다. 일이 장난 아니게 많고, 그렇다고 특별히 어른들이 좋아할 품목은 아닌 것 같다. 암튼 새벽부터 김밥 마는 엄마의 곁에서 소풍에 대한 기대감이 부풀어 올랐다.

전교생이 운동장에 모여 교장 선생님의 배웅을 받으며 각 학년 별로 목적지로 출발했다. 거의 700명 넘는 학생들, 그것도 초등학 생들이 일렬로 서서 버스로 대충 열 정거장에 해당하는 거리를 걷 고 또 걸었다. 지금 생각하면 그때 초등학교 선생님들 정말 대단한 것 같다.

요즘 초등학교 한 반 인원은 대략 25명이다. 소풍이 아니라, 현 장체험학습이나 문화체험학습, 농촌체험학습 등으로 세분화되어 있다. 이번 1학년 1학기엔 전통문화 체험학습으로 충렬사에 간다 고 한다.

충렬사는 임진왜란 때 일본에 저항한 부산진의 호국영령을 기리 는 곳이다. 그곳 직원들은 초등학교 아이들에게 한복을 입히고, 떡 을 만들고 투호를 가르치는 등의 체험학습을 실시한다.

초등학교 선생님께서 현장체험 때 하시는 일은 그 충렬사까지 무사히 아이들을 호송하는 것이다. 학교 앞이 은근 위험해서 한 달 에 한 번 정도는 교통사고 소식이 들려온다. 그래서 학교에서 버스 정류소까지 아이들이 무사히 도착할 수 있도록 학부모 몇 명만 도 와달라고 부탁하신다. 이젠 선생님들의 도시락을 준비하는 것도 전부 선생님들의 몫이라, 대표라고 해도 챙겨야 할 일이 없다. 그래도 뭔가 해야 하지 않냐고. 그런 거 없다. 아이들 도시락도 단체로 주문해서 바쁜 엄마들의 부담을 덜어주려 했건만, '엄마의 마음' 운운하시는 학년주임 선생님의 말씀이 있었다는 풍문을 듣고 김밥 주문을 당장 취소했다. 학교 일은 추진하다가 어디선가 말이 나오면 그냥 바로 취소하면 된다.

아이들이 출발할 때와 도착할 때 이렇게 대충 엄마 두 명씩만 있어도 되지만, 우리 반 엄마들의 열의는 대단하다. 아이가 1학년이면 학부모도 역시 모든 것이 신기하고 설레는 것은 어쩌면 당연한 일이다. 나아가 염려도 되는 것 같다. 선생님께서는 그냥 버스만 태워주면 된다고 했지만, 부모들은 그러면 안 된다고 그냥 슬쩍 버스 타고 내리고 충렬사까지 데려다줘야 한다고 주장한다. 흑. 난 선생님이 부탁하시는 것까지만 하자고 했으나, 엄마들은 완강했다.

"애들이 버스 손잡이 안 잡는다."

"내릴 때 못 내리는 애들 있을 수 있다."

"내려서 충렬사까지 꽤 걷는다" 등등······.

근본적으로 엄마들은 머피의 법칙에 빠져 있는 경향이 있다. 정말 재수가 없어야만 발생하는 최악의 상황, 개교 이래 딱 한 번 있었던 돌발 사태 등이 우리 아이들에게 일어날 수 있다고 가정하고 행동한다. 그래서 학교 측과 교사가 요구하지 않는 학교 일들을 앞

장서서 추진하는 바람에 문제가 발생하기도 한다.

결국 나를 포함한 엄마들 여섯 명 정도가 충렬사까지 애들을 데려다줬다. 그리고 모인 김에 다들 충렬사 근처 맥도날드에서 맥모닝을 먹으며 애들이 나오기까지 또다시 이야기를 나눴다.

야행성인 난 너무 일찍 일어나서 준비하느라 거의 제정신이 아니다. 아침 체력도 약해서 힘도 든다. 그러나 학부모 모임은 일단 시작하면 세 시간은 기본이다.

전업주부들은 알고 보면 무척 바쁘다. 끝도 없는 집안일에 아이들과 남편 뒷바라지, 그리고 전업주부이기 때문에 친척들, 특히 부모님에 조카 일들까지 전담으로 떠맡는 경우가 많다. 학부모가 되어서 모임을 가지면, 애들을 위해서라는 좋은 핑계가 되기 때문에 자주 모이는 것을 선호한다.

특히 1학년, 그중에서도 아들들은 불안하고 궁금한 것이 많기에, 서로 이야기를 하다 보면 확실히 위로도 된다. 우리 아이만 부족하고, 말 안 듣고, 그러는 것 같다가 학부모들을 만나서 다른 아이들의 흑역사를 들으면 은근 안도감도 생긴다. 그리고 남의 집 아이들의 문제점은 거리를 두고 여유 있게 판단하고 조언할 수 있는데, 그러다 보면 자기 아이에 대해서도 여유를 가지고 대할 수 있게 된다.

우리 학교와 우리 동네의 엄마들, 특히 우리 반 엄마들은 공부에는 별 관심이 없다. 있어도 없는 척할 수도 있겠지만, 요즘 학부모들은 공부 잘해봐야 대기업 몇 년 다니다 퇴출당하는 것이 고작이란 걸 몸소 경험한 세대이다. 그러다 보니 공부보다는 오히려 자영업이나 개인 사업으로 성공할 수 있는 재능을 찾는 것이 아이의 미래 행복을 위해 더 좋은 일이란 것을 잘 안다. 게다가 공부는 할 놈이 하기에, 부모가 나서서 주도한다고 되는 것이 아니란 것을 놀랍게도 잘 안다.

그래서인지 매스컴이나 드라마에서 보여주는, 사교육에 혈안이 되어 있거나 아이를 다그치는 부정적인 학부모의 모습들은 찾아볼 수 없다. 그저 관심이 자기 자신에게보다는, 자기의 분신인 아이에게 집중되어 있을 뿐이다.

아무튼 분위기는 좋다. 고학년 올라가서 시험을 치기 시작하면 바뀔 수도 있을까? 이대로 쭉 가길 바랄 뿐이다. 수십 년 교육 경험을 미루어 볼 때, 타고난 머리와 자질 없이 엄마가 설쳐서 만들 수 있는 성적은 중학교까지이다. 그것도 엄마와 당사자 모두 엄청 힘들게 이루어낸 결과물일 뿐이다. 고등학교 가면, 특히 3학년이 되면 성적은 결국은 제자리로 찾아간다.

아무튼 우리는 맥도날드 구석에 앉아서 이런저런 이야기들을 나누었다. 소풍, 아니 현장체험학습을 끝으로 1학기 행사들은 대충 끝이다. 오전 시간의 수다 세 시간쯤이 쉬운 일은 아니었지만, 마지막이라고 생각하고 버티고 또 버텼다.

충렬사에서 나오는 아이들을 데리고 다시 학교까지 버스를 타고 이동했다. 집에 도착하자, 기진맥진한 난 완전 뻗었다.

선생님께선 체험학습 사진들을 게시판에 올려주셨다. 내 아이는 전통문화에 관심이 없고, 먹는 것에도 관심이 없다 보니 표정이 그리 좋지는 않다. 그래도 하라는 거 대충 따라하면서 잘 버텨주는 것만으로도 고마울 따름이다.

6월과 7월
"날마다 새로운 소동"

26 누명으로 밝혀진
성추행 사건

정말 길고 긴 하루였다.

내 아이는 왕개구쟁이라서 최고의 요주의 인물이다. 우리 반에는 내 아이보다는 좀 덜하지만, 역시 자유로운 영혼이라 엄마가 늘 선생님께 주의 문자를 받는 여자아이가 있다. 초등학교 보낸 지 3개월이 지났음에도 불구하고, 그 아이 엄마와 나, 이렇게 두 명만 하굣길마다 데리러 다니고 있다. 동병상련이라고 서로서로 아이에 대한 염려와 걱정들을 하면서 친해졌다.

오늘은 그 엄마랑 점심 약속이 있었다. 수업이 5교시에 마치는 날이니 좀 일찍 만나서 식사하고, 같이 아이들을 데리러 가기로 했다. 식사 후 차를 마시고 있는데, 담임 선생님께서 전화를 하셨다. 반갑게 받았는데, 그야말로 아찔한 내용이었다.

오늘 점심시간에 4학년인지, 5학년인지 ㅅ라는 남자아이가 갑자기 교실에 들이닥쳐서 소리를 질렀다고 한다.

"야! 너 내 동생 ××(여성 생식기의 비어) 만졌지!"

이러고 난리를 피우더란다. 선생님께서 계신데도 불구하고 다짜고짜 교실에 들어와 앞뒤 안 보고 소리 지르는 바람에 수습이 이미 늦었지만, 노련한 선생님께서는 놀라는 아이들을 진정시킨 후 그 아이에게 물었다고 한다.

꽤 상세한 진술이 나왔다. 어제 학교에서 내 아이가 2교시 쉬는 시간에 그 아이의 동생인 옆반 ㅇ을 복도에서 만나 이른바 성추행을 했다는 것이다. 학교에 소문이 쫙악 퍼졌다는 말과 함께. 내 아이는 성교육이 안 되어 있다 보니 그야말로 성에 대한 개념 자체가 없다. 그래서 ㅅ의 말이 무슨 뜻인지도 모르고, 분위기상 거짓말로 그냥 했다고 자백을 했다.

가해자의 자백이 나왔으니, 피해자의 말도 안 들어보고 성추행은 기정 사실이 되었다. 그래서 아이는 학교에서 그야말로 맞고 울고 반성문 쓰고 벌서고…… 나 역시도 이 사건을 어떻게 해결하나 정말 난감 그 자체였다.

같이 식사를 하던 엄마가 ㅇ의 엄마를 잘 안다고 한다. 그래서 바로 전화를 해서 만났다. ㅇ의 엄마는 그야말로 부들부들 떨고 있었고, 난 미안하다고, 하고 싶은 거 다 하라고 했다. 원하면 전학도 이사도 가겠다고. ㅇ의 엄마는 "아빠가 알면 가만 있지 않을 거다"라는 말을 남기고, 서로 자리를 떴다.

담임 선생님은 내 아이를 오히려 옹호하고 계셨다.

"그저 ㅇ을 좋아한 것뿐인데…… 그쵸……."

이러시면서 우는 아이를 나보다 더 안타까운 표정으로 보고 계셨다.

"네가 우니까, 나도 눈물 난다……."

암튼 좋은 선생님이시다. 그러나 사안은 성추행이다. 여학생 부모의 입장이라면, 충분히 학교를 뒤엎을 수 있다. 그래서 피해자인 ㅇ 엄마 만나고 왔는데, 문제가 쉽게 해결될 것으로는 보이지 않더라. 선생님, 우리 아이 옹호하시지 마시고, 그냥 덮으려고도 하시지 마시고, ㅇ의 엄마가 하고자 하는 대로 그냥 다 수용해야 한다고 말씀드리고 나왔다. 이런 문제는 제대로 사과 안 하고, 조용히 덮으려 할수록 커지게 되어 있다. 피해자가 그만 됐다고 말해도 계속 사과해야만 한다.

하굣길에 난 정말 엄청 아이를 혼내고, 외면하고, 내가 할 수 있는 구박은 다 했다. 집에서 기다리고 있던 아이 아빠 역시 두 시간에 걸쳐 혼내고, 야구 방망이로 엉덩이 때리고, 닌텐도 게임기 다부수고…… 정말 난리도 아니었다. 사안이 다른 것도 아닌 성추행이었던 것이다. 아무리 개념 없는 초등학교 1학년이라고 해도, 재발하면 아이의 인생이 끝날 수도 있는 문제이다.

한참 혼내고 있는데, ㅇ의 엄마에게서 전화가 왔다. ㅇ이 그런 일 없었다고 한다. ㅇ의 선생님께서도 그 시간에 ㅇ을 학습 심부름 보내서 진우를 만날 수 없었다고 진술했다. ㅇ의 오빠 ㅅ을 불러서 진상을 조사해보니, 고학년 여학생들이 퍼트린 헛소문이었다. 태권도장에서 진우하고 ㅇ하고 친하게 지내니, 고학년 여학생들이 진우에게 ㅇ한테 뽀뽀하라고 시켰다는 것이다. 그게 사건의 전부이다.

그런데 그 사건을 여학생들이 ㅅ에게 거짓말로 지어내서 말했고, ㅅ는 사실 확인도 안 하고 바로 진우에게 들이닥쳐 퍼붓는 바람에 그런 소동이 벌어진 것이다.

ㅇ 엄마가 사건을 해결하기 위해 태권도장에 면담 신청해서 나중에 가겠다고 한다. 아무튼 ㅅ이 확인도 안 하고 진우를 궁지에 몰았다고 죄송하다고 한다.

헐…… 무심코 던진 돌에 맞은 내 아이는 정말 죽을 뻔했다. 정말 아이는 성에 관한 개념이 없었다. 자기가 무엇 때문에 혼나고 있는지조차도 전혀 몰랐던 것이다. 태권도장 사범님도 그렇게 말한다. 진우는 다른 애들보다 정말 순수하다고, 진우가 만일 그런 행동을 했다고 해도 그건 정말 무슨 의도가 있는 것이 아니라, 몰라서 한 행동이었을 거라고.

일단 아들이 아무 일도 안 했다고 하니, 정말 다행이라는 생각밖에 안 들었다. 뭐 이제 초등학교 다니는 아이가 사실 확인 그런 생각 어떻게 하겠느냐, 아무 일도 없었다니 되었다고 마무리하며 전화를 끊었다. 담임 선생님과도 통화하고 사안을 매듭지었다.

그런데 정말 중요한 마무리가 남았다. 내 아이에게 이 일을 어떻게 설명하고, 처리하냐는 것이다. 아무것도 아냐, 네가 안 했대. 흔히 이야기하는 "이 산이 아니라, 아까 그 산"이라고 말을 바꾸기엔 아이를 너무 가혹하게 혼냈는데 말이다.

전화를 끊고 아이와 아이 아빠에게 가보니, 둘이는 나란히 누워 벌써 희희낙락하고 있다. 아이 아빠는 혼낼 때는 정말 무섭게 혼내지만, 그 자리에서 바로 풀어준다. 아이에게 트라우마가 생기지 않도록 하기 위해서이다.

아이 아빠에게 사실을 이야기해줬다.

"있을 수 있는 얘기야. 아니면 됐다."

아이에겐 닌텐도 게임기 다시 사주고, 이 일에 대한 설명은 아이가 알아들을 수 있는 나이가 되면 하자고 말하고 끝냈다. 흑, 불쌍

한 내 아들. 정말 성추행 예방 교육 엄청나게 했다.

그런데 ㅇ 엄마는 일 년이 지나도록, 그때 당일 전화 말고는 어떠한 액션도 말도 없다. 심지어 학교에서 만나서, 단둘이 몇 분 같이 있기도 했는데, 그때에도 사과조차 없다. 심지어 아는 척도 안 한다. 나라면 ㅅ을 데리고 우리 집에 와서 아들에게 사과시킬 것 같은데…… 내 아이가 그 사건으로 어떤 일을 당했는지 잘 알면서, 좀 이해가 되지 않는 행동이다.

다른 학부모들 말에 의하면 아이들에게 아주 지극정성인 부모라고 한다. 아이들 뒷바라지를 위해 직장을 그만뒀다고. 그런데 자기 자식만 중요한가 보다. 다음에 기회가 있으면, 받아야 할 사과는 받아야겠다.

사과를 받는다는 것이 사실 그리 중요한 일도 아니고 그다지 의미도 없다. 그러나 사과하는 마음까지 바랄 대상은 아니더라도 이른바 형식은 갖추게 해야 할 대상이란 생각은 든다. 그래야 일단 남의 자식 상처에 대해 한 번은 더 생각해보지 않을까.

27 현장체험학습 신청서 작성기

언제부터인지 '현장체험학습'이라는 명목으로, 학기 중에도 아이랑 여행이 가능하다. 한 학기당 7일씩, 1년에 14일까지는 출석으로 인정해준다. 그래도 내 일이 바쁘기에 그런 걸 쓸 기회가 있을 줄은 꿈에도 몰랐는데, 6월 중순에 친정에서 제주도 가족 여행을 계획했다.

아들은 비행기를 단 한 번도 못 타봤다. 그건 내 잘못이 아니고, 오로지 아이에게 그 원인이 있다. 내 아이는 민감하고, 감수성 예민하고, 정말 별나다. 비행기를 탈 수 있을지도 미지수였고, 타고 난 후 이륙 때 기압 변화에 적응할 수 있을지도 확신할 수 없었고, 기내에서 얌전히 있지 않을 것은 너무나 당연한 일이어서 항공편 이동하는 것은 정말 상상도 못 했다.

타인에게 끼칠 민폐가 걱정되어서 대중식당도 일곱 살 여름쯤에나 한번 데리고 가볼 엄두를 낼 정도였다. 일곱 살 때 식당에서도 역시 내 아들은 그 짧은 시간에도 얌전히 안 있어서 미션을 완벽하게 이행 못 했다. 그러나 이제는 비행기 탈 정도의 사회화는 된 듯해서, 일단 모험을 해보기로 했다.

현장체험학습 신청서를 써서 제출하면 두 번 정도의 수정 요구는 기본, 평균 세 번은 다시 써 오라고 한다고 다른 학부모들에게 이미 들어왔다. 양식을 출력해서, 요구하는 내용들을 적어서 제출하면 되는 것이지만, 이른바 여행이 아니라 '학습'이기 때문에 체험 내용이 교과과정에 포함되도록 써야 한다는 것이다.

이 전시행정들! 신청서를 아무리 잘 쓰고, 다녀온 후 보고서까지 완벽하게 제출한다고 해도 '여행'은 '여행'이다. 물론 여행이 학습 이상의 효과가 있음은 사실이지만, 교과과정에서 요구하는 학습과는 엄연히 다른 것은 주지의 사실이다. 그냥 문자 그대로 행정을 위한 행정일 뿐이다.

그래도 내가 말과 글로 먹고사는 직업인인데, 설마 다시 써 오라는 소리를 들을까. 당연히 한 번에 통과했는데, 학부모들 사이에서는 그것이 화제였다. 그리고 내 신청서는 이후 신청하고자 하는 엄마들에게 견본으로 제시되었다.

요령은 별것 없다. 여행지를 사전에 조사하고, 교과서를 검토해서 둘 사이의 교집합을 찾거나 아니면 조작해서 교과명 및 페이지까지 적어가면서 신청서를 작성하면 된다. 주로 『이웃』, 『나라』, 『여름』…… 이런 교과서들을 뒤지면 된다. 귀찮기는 하지만, 어려운 일은 아니다. 그런데 그것이 뭐 대수라고 학부모들에게 두 번, 세 번 다시 써 오라고 되돌려주는지, 이해할 수 없는 부분이다.

사연을 들어보니, 몇 년 전에는 그렇지 않았다고 한다. 어떤 부모가 현장체험학습을 신청했다가 여행이 취소되는 바람에 못 간 일이 있었다. 그런데 그 부모는 그냥 아이를 학교에 안 보내고 집에서 쉬게 했다가, 그것이 나중에 알려지는 바람에 절차가 까다로워졌다고 한다. 암튼 개념 없는 소수 때문에 죄 없는 다수가 고생하는 것은 어디나 똑같다.

제주도는 아이만 친정 가족들에 끼워서 보내려 했지만, 비행기를 과연 잘 탈 수 있을지 그것이 궁금해서 참을 수가 없었다. 결국 총 2박 3일 여행이지만, 나만 1박 2일 하기로 하고 일정을 조정해서 같이 여행길에 올랐다.

도로, 지도, 철도, 지하철, 이런 교통 수단에 관심이 엄청난 아이는 비행기와 공항 또한 예외가 아니었다. 아이의 관심사를 잘 알기에, 공항에 일찍 도착했다.

내 아이는 보딩패스 발권 및 화물 부치는 데스크 앞에서 호기심을 참지 못했다. 결국 책상 위까지 기어 올라가서 항공사 직원이 컴퓨터에 타이핑하고, 탑승권 발권하고, 짐을 부치고, 스티커를 부치고 하는 모든 과정을 집중해서 봤다. 이름을 묻는 직원에게 아주 분명하게 자신의 이름을 이야기했고, 보안대 통과한 후 보안직원 옆에 서서 화물 검색의 절차를 지켜봤다.

그리고 각 게이트마다 다니면서 항공기의 목적지 그리고 편명을 외웠고, 활주로를 뚫어지게 관찰했다. 아침도 안 먹었지만, 밥은 아이의 관심사가 아니었다. 바코드로 확인되는 보딩패스도 직접 했고, 자신이 앉아야 하는 좌석 번호는 물론 가족들 좌석 번호까지 다 외웠다.

비행기에 타서도 안전사고에 유의하라고 안내하는 직원의 멘트를 주의 깊게 듣는다. 더 자세한 것은 좌석 앞에 있는 안내서를 참고하라고 하니, 그것까지 빼서 상세히 검토한다. 모니터에 띄워주는 지도, 날씨, 기온, 고도, 속도 등을 살펴보느라 비행 시간 50분이 짧을 지경이었다.

제주도에 도착해서도 짐이 나오는 곳을 스스로 확인해서 우리 짐을 찾아서 밀고 나온다. 암튼 관심사 특이하다. 커서 뭐가 되려나 그것이 정말 궁금할 따름이다.

제주도에서 아들은 한라수목원과 항공우주박물관, 컴퓨터박물관 등을 나와 같이 다녔고, 이후 이틀 동안 생태공원, 민속마을, 기타 등등을 다니면서 많은 체험을 했다. 난 제주공항 면세점에서 반 친구들과 담임 선생님께 선물할 연필과 초콜릿 등을 구입했다.

내 아이는 반 전체 27명을 알뜰히도 챙긴다. 소풍 갈 때도 친구들과 선생님께 드려야 한다고 귤을 스물여덟 개나, 그 무거운 것을 가방에 넣어 간 아이다. 좋은 마음이라고 생각해서 잘 챙겨서 넣어주었다. 아들은 그것에서 그치지 않고 미니콜팝(닭강정 같은 치킨+콜라)을 반 전체에 돌리겠다고 했다. 그것도 중요한 날엔 꼭 해야 한다고 한다. 그 중요한 날이 언제냐고 물으니 개학날, 방학식날, 체육대회, 학예회 등이라고 한다. 오죽하면 엄마 중 한 명이 내 아이가 6학년 되면 회장 시키고 자기는 치킨집을 인수하겠다고 했을까. 그런 아이의 마음도 좋은 마음이라고 생각해서 대충 들어주고 있다.

암튼 내 아이가 제주도를 무사히 다녀온 후 학교에 다시 나갔다. 선생님께서는 아이가 없는 3일간 뭐가 허전했다고 하셨다. 별난 녀석이 옆에서 애드립 넣어가면서 수업 진행을 도왔는데, 그 녀석이 없으니 조용하기는 해도 뭔가 이상했다고 하셨다.

"그런데 이 녀석이 학교 오더니 비행기 타는 요령을 가르쳐주더라고요."

선생님은 그렇게 말씀하시면서 껄껄 웃으셨다. 참, 딱 한 번 타본 놈이 비행기는 저만 타본 줄 안다. 말 잘 하는 여자아이는 '진우가 없으니 학교가 지옥 같다'고, '빨리 왔으면 좋겠다'고 했다고 한다.

여러모로 별난 내 아이의 행동들을 예쁘게 봐주는 선생님과 친구들이 정말 고마울 따름이다.

28 상위 10%를 위한 과제, 관찰일기 쓰기

4월달의 일로 기억한다. 『봄』 교과에 해당하는 과제로, 집에서 씨앗을 사서 싹 트는 과정을 관찰하고 발아 과정과 성장 과정을 일기로 써 오라는 것이다. 이른바 관찰일기이다. 발아와 성장 과정을 사진으로 찍거나 그림으로 그리고, 그것을 관찰한 내용과 느낌을 적어 오라는 것이다. 이것이 초등학교 1학년 1학기에 가능한 과제인가 싶었다.

나도 국민학교 시절, 관찰일기를 적은 기억이 난다. 초등학교 5학년 때였다. 식물 관찰일기였다. 난 서양난의 개화 과정을 일일이 그렸고, 썼다. 물론 다 내 힘으로 해결했다.

어렸을 때부터 독립성이 강한 난 단 한 번도 과제나 준비물을 타인의 도움으로 해결한 적이 없었다. 나의 어머니는 몸이 약한 나에 관해서는 오로지 밥 먹이기에 관심이 총집중되어 있었기에, 공부에는 신경도 쓰지 않으셨다. 학교를 안 가는 것은 괜찮지만, 아침밥을 안 먹으면 그야말로 그날은 죽음이었다. 그러니 복잡한 방학 숙제까지도 전부 내가 알아서 했었다.

그때 그 시절 약간은 총명한 편에 속했던 나도 관찰일기는 5학년 때에나 가능한 과제였는데, 이것을 1학년 1학기 과제로 내다니. 이것은 완전 부모의 과제인 것이다.

관찰 기간이 거의 한 달이다. 내 아이는 접시꽃 씨앗을 사다가 열심히 물을 주는 등 노력했지만, 실패했다. 두 번째 다시 사서 시도했지만, 또 실패했다. 왜 싹이 안 나는 거야?

알고 보니 접시꽃이 싹 틔우기 힘든 꽃이란다. 결국 포기했다. 뭐 싹이 안 트는 걸 어떡하라고… 아이가 물 주는 장면, 싹이 안 터서 속상해하는 설정 컷 몇 개만 찍고 말았다.

그런데, 고맙게도 싹이 안 튼 사람들을 위해서 싹 튼 모종을 분양하겠다는 부모가 나섰다. 그래서 나도 줄 서서 받았고, 그걸로 관찰일기를 썼다. 그림 그리기를 병원 가는 것보다 더 싫어하는 아이이기에, 사진을 찍고 그걸로 피피티를 만들어서 제출했다. 물론 80%는 내가 다 하고, 아이는 옆에서 구경하고 약간의 타이핑 그리고 출력만 했다. 쉬운 것이 없다.

부모의 과제를 내는 교과과정과 학교 측에 화가 난 나는 다른 사람들은 어떻게 하는지 물어봤다. 반 단체 대화방에 올려보니, 똘똘한 여자아이들은 자기 나름대로 그림도 그리고, 1학년이 할 수 있는 문장들로 관찰일기를 썼다고 한다. 1학년임에도 불구하고 관찰일기가 가능한 아이가 있다는 딱 두 명의 메시지에 난 전의를 상실했다. 다들 불가능하다고 말하면, 선생님께 제발 아이 혼자서 할 수 있는 과제를 내달라고 건의할 참이었는데…… 과제가 문제인 것이 아니라 내 아이의 역량이 부족한 거라니 할 말이 없다. 설문조사를 할걸, 하는 생각도 들긴 했다.

학교 과제는 상위 10%가 할 수 있는 것을 내는 것이 아니라, 최소 90%가 혼자서 할 수 있는 걸로 내야 하는 것 아닌가. 그게 생각이다.

29 또 다른 난관, 자기 자식 가르치기

흔히 하는 말이 있다. 아무리 역량이 탁월한 스승이라 해도 제 자식은 못 가르친다는 말이다. 그 말에 별로 동의하지 않았다. 감정 조절이 되지 않아서 못 가르치는 거라고 생각했다.

난 감정 컨트롤과 인내라는 부분엔 자신감이 쬐끔 있는 편이다. 성격은 안 좋지만, 가르칠 때 성격은 그리 나쁘지 않다. 학생이 따라올 때까지 잘 기다려주고, 실수에 비교적 관대한 편이다. 객관화도 잘 되는 편이다. 그래서 내 자식은 내가 가르칠 수 있을 것이라 믿어 의심치 않았다.

아이가 어릴 땐 누구나 자기 자식이 천재가 아닐까 하고 생각한다고들 한다. 애시당초 콩깍지 같은 것이 거의 씌어지지 않는 난, 내 아이의 능력이 비교적 객관적으로 잘 보인다.

내 아이는 단순 암기와 종합 판단력 그리고 문제 해결 능력이 좋은 편이다. 타고난 자질과 능력은 없지는 않다. 그런데 오직 관심 분야에 대한 몰입도만 엄청나다는 것이 한계다. 또한 그 관심 분야가 학과 공부와 전혀 무관한 분야란 게 좀 우울한 부분이다.

약간은 치명적일 수 있는 습관으로, 결코 게으르지는 않은데 이른바 '노동'을 싫어한다. 힘든 일, 즉 쓰기, 소리내어 읽기는 잘 안 한다. 그리고 말과 글의 습득이 느려서, 아직 자신의 사고를 문장으로 만들어내지 못한다.

덕분에 수학과 영어는 괜찮은 편인데, 국어는 정말 심각하다. 스토리에 전혀 관심이 없고, 책 자체를 싫어한다. 2, 3년만 더 지나면 스토리 중심의 내용을 파악할 만큼 인지능력이 향상될 것이다. 그 지점이 발견될 때까지 난 독서 교육에 욕심내지 않고 기다리기로 한다.

초등학교 국어 수학 문제집이 있다는 것을 4월에서야 알았다. 아이의 특성상 공부에 포인트를 두기보다는, 문제 푸는 습관을 들이는 것은 중요한 듯해서 같이 문제집을 풀었다. 그런데 아이는 문제집 푸는 것에 관심과 흥미가 없다. 당연하다. 저 나이에 문제집 푸는 것이 야구나 게임보다 좋다면, 그 아이가 비정상인 것이다. 그래서 일단 문제집 풀자고 해서 자리에 앉히는 것까지는 별로 어렵지 않지만, 문제집에만 집중해서 풀게 하는 것은 그리 쉬운 일이 아니다. 빨리 끝내고 다른 놀이를 하고 싶은 아이는, 정확성보다 속도에 포인트를 둔다.

공부를 시작한 처음에는 아들과 나 사이엔 평화와 안정이 깃든다. 그러나 시간이 갈수록 집중력이 흐트러지고, 정확도가 떨어진다. 난 서서히 눈을 부릅뜨기 시작하고, 목소리 톤도 점점 커지기보다는 단호하고 힘이 들어간다. 이른바 '기'로 아이를 누른다.

그러나 그런 것에 주눅 들 아이가 아니다. 아이는 마이 웨이로 계속 그리고 자주 틀린다. 그리고 글씨도 독해가 힘들 정도로 자기 맘대로 쓴다.

시간이 지날수록 난 서서히 톤도 올라가고, 손동작에 힘이 들어가기 시작한다. 그러다가 깨닫는다. 여기서 조금만 더 가면 아이를 때릴 수 있겠구나.

그런데 정말 신기한 것은 아들의 친구들을 가르칠 때는 완전 관대하다. 아들은 수학이 좀 빨라서 2학년 수학을 풀고, 친구는 1학년 수학을 풀고 있었다. 아들이 틀리면 그야말로 기가 차서 말이 안 나오는 상황이 되고, 아들의 친구가 틀리면 아주 차근차근 하나하나 설명해서 정답을 유도해낸다. 아들의 친구는 학생이고, 내 아들은 아들인 것이다. 이래서 자기 자식 못 가르치나 보다 싶었다.

학생들에게 물어보니, 엄마가 교사인 애들은 대다수 어린 시절 엄마로부터 공부를 배운다고 한다. 그런데 엄마가 막 소리치고 가르치면 그것이 상처가 되었다고 한다.

나 역시 정말 여기서 조금만 더 나가면 목소리 톤 올라가는 것은 물론, 난 아들을 때릴 것 같다는 생각이 든다. 사태가 이쯤 되니, 정신이 든다.

난 지금 뭘 하는 것일까? 맘을 다잡고 결심한다. 아들의 학습 태도와 자세에는 엄격하되, 학습 내용에 대해서는 관대하기로 결심한다. 학습 태도와 자세 역시 최대한 흥미롭게 이끌어가고, 강요하지 않는 형식을 갖추기로 결심한다. 가르치는 순간만큼은 아들은 내 아들이 아니라, 남이라고 생각하기로 결심한다.

보통 우리는 자신에게 가혹하다. 남들에게는 절대로 하지 못할 말들, 즉 "난 안 돼." "난 죽어야 해." "나 미쳤나 봐." "난 바보야."…… 이런 말들도 자신에게는 어렵지 않게 잘 한다. 그리고 특별히 정신질환이 있지 않는 한, 자기에게 스스로 퍼부은 말들로 인해 스스로 상처입지는 않는다.

그런데 여기서 문제점은 가족에게 그 말들을 쉽게 한다는 것이다. 배우자나 자식은 '또 다른 자기'인 것이다. 이른바 가족들을 다른 개체로 인정하는 '분리'가 이루어지지 않기에, 자기에게 막말을 하듯 가족에게 막말을 한다.

그러나 가족은 '나'가 아니라, '남'이다. '남'은 내가 한 말에 상처를 입는다. 특히 가족에게 들은 말들은 치명적인 상처를 깊게 남기고, 성장 과정에 크나큰 영향을 준다.

내 기억을 더듬어보면 네댓 살쯤 되면 부끄러움도 노여움도 분명히 안다. 내 주변의 상황을 내가 스스로 통제할 수 있는 능력이 없을 뿐, 욕망도 가지고 있고 판단 기준도 나름대로 세워져 있다. 뭘 제대로 할 수 있는 나이는 아니었지만, 부모에게 야단 듣고 싶지 않았고 간섭받기 싫었다. 특히 심리적·신체적 폭력은 공포에 시달리게 했고, 분노와 좌절을 경험하게 했었던 것 같다.

내가 보기에 아이는 어리고 미숙해 보이지만, 독립된 인격체로 대접해야만 한다. 나보다 약자라고 화풀이의 대상으로 삼거나, 막말을 쏟아내서는 안 된다. 훈육에 꼭 필요한 경우가 아니면 간섭을 최소화하고, 스스로 자각하고 해결할 때까지 기다려줘야만 한다. 이것을 완벽하게 해내지는 못하겠지만, 매 순간 노력하고 아이를 화나게 만들어서는 안 된다.

내가 뭘 하고 있나를 깨닫는 순간, 내가 잘못하고 있다는 것을 깨닫는 순간, 난 이성을 회복했다. 그리고 차라리 안 가르쳤으면 안 가르쳤지, 아이에게 야단치면서 가르치지는 않겠다고 결심한다.

아이를 남(과외나 학원)에게 맡겨둔 다음, 어쩌다가 한 번씩 체크를 해보면 제대로 아는 것이 별로 없다는 것을 깨닫는다. 집중하지 않고 공부에 흥미 없는 아이이기에 어쩌면 당연한 것이다.

아이는 막상 공부를 시작하면 스스로 흥미를 찾아내는 스타일이다. 예를 들어 문제를 풀라고 문제집을 주면, 색연필을 다 꺼내놓고

짝수 번호는 빨간색, 홀수 번호는 파란색…… 이렇게 나름대로 규칙을 정해서 혼자 낄낄거리면서 펜을 바꿔 가며 재미있게 푼다. 물론 시간은 두 배가 걸린다. 그걸 참으면 된다. 내가 정한 분량과 방식을 강요하지 말고, 아이의 방식을 인정하고 기다리는 인내심을 기르기로 했다.

내 자식 내가 가르치는 거, 해볼 거다, 파이팅!

30 첫 여름방학, 아이들의 추억 만들기

위대한 한 학기가 드디어 마무리되었다. 군대 가면 듣는 속담이 "그래도 국방부 시계는 돌아간다"라고 했던가……. 학교 시계도 돌아가서 드디어 방학했다.

그래도 이른바 생애 첫 방학이란 걸 했는데, 부모로서 추억거리라도 만들어줘야 하는 거 아닌가 하는 강박관념 때문에 반 아이들과의 1박 여행을 추진했다. 고학년 학부모로부터 아이 친구들과 같이 하룻밤을 자는 여행을 해보지 못한 것이 후회된다고 하는 말을 들었기 때문이다.

반 대표가 그 반의 여러 사람들과 움직일 때는 공고를 하고 움직여야 말썽이 없다는 것이 내 지론이다. 친한 몇 명하고 몰래 움직이면 구설수에 오르게 된다. 어차피 이러나저러나 비밀이라고는 없는 학부모 사회에서는 무슨 일을 해도 말은 나게 되어 있다. 공고를 하고 움직이면, 그나마 변명할 명분이 있다.

어차피 엄마와 아이의 장거리 여행을 많은 사람이 가는 것은 불가능하다. 이유는 단 하나, 고속도로 운전에 익숙한 엄마들이 별로 없기 때문이다. 가족 단위로 움직이는 여행에서 운전은 주로 아빠들의 몫이다. 익숙하지 않은 고속도로 운전을 하겠다고 나설 진취적인 엄마들도 그리 많지 않다.

지난번 생일파티처럼 시내에서 차로 움직일 때는 상당수의 차량을 동원할 수 있지만, 장거리 여행에 동원할 수 있는 차량은 내 차를 제외하고는 한 대밖에 없었다. 그래서 아이 다섯 명과 어른 네 명, 이렇게 총 아홉 명이 방학식을 한 다음 날 아침 일찍 청도로 떠났다. 청도 프로방스와 와인 터널이 있는 곳이다.

아이들은 출발에서 도착까지 정말 최선을 다해 놀았다. 밤 12시까지 놀다가 잤는데, 새벽 6시도 안 되어서 일어났다. 어쩌면 저렇게 지치지도 않고, 즐겁고 능동적으로 노는지…… 정말 신기할 따름이다. 그 누구도 엄마를 찾지 않고, 저희들끼리 잘 논다.

엄마들은 평소 하던 가사노동에서 해방되기를 욕망하는지라, 식사는 모두 사 먹었다. 1박 2일의 빠듯한 일정이 아쉽기는 했지만,

짧은 시간의 여행이어서 할 만했던 것 같다.

이런 상태로 2박을 하면 체력적으로 너무 힘들 것 같다. 아이의 추억을 만들어주는 것도 참 쉬운 일은 아니다. 그러나 중요한 일이기에, 시간과 에너지를 엄청 들였다.

31 홀로서기가 안 되는 요즘 아이들

방학의 나머지 기간에는 다들 개별 스케줄에 따라 움직이기에, 서로 만날 일은 별로 없었다. 내 아이는 유아스포츠 센터에서 인라인스케이트를 배웠고, SLP를 다녔고, 태권도 학원에 매일 다녔고, 일주일에 한 번씩 피아노 방문 레슨과 눈높이 학습지를 했다.

눈높이 학습지는 방학식 때 학교 앞에서 나눠주는 전단지를 보고, 자기가 하겠다고 주장해서 재개했다. 그냥 엄마랑 문제집 풀자고 설득해봤지만, 아이는 눈높이 하고 싶다고 정말 강력하게 주장한다. 하기야 다섯 살 때 남의 집에서 버린 학습지 주워다가 푼 아이다. 눈높이 학습지를 정말 좋아한다. 단지 학습지가 실력 향상에 별로 도움이 되지 않는다고 생각한 내가 학습지를 중단시키고 문제

집으로 방향을 전환했었다.

피아노도 반 친구가 집에서 레슨받는 것을 보더니, 자기도 하겠다고 했다. 그러나 일주일에 한 시간, 딱 선생님 오시는 그 시간에만 피아노를 친다. 3학년까지만 그대로 지켜보기로 했다. 왜 음악에 관심이 없을까.

EBS 방송을 시청하는 과제는 내가 옆에서 요약 정리를 같이 해주면서 봐야만 했다. 혼자서 써보라고 했더니, 제목만 딱 써놓고 더이상 진척이 없다. 여기서 난 선택을 해야만 했다. 언제일지도 모르는, 정리하는 능력이 발현될 때를 기다려야 하나 아니면 내가 나서서 지도함으로써 그 시기를 좀 더 앞당겨야 하나. 가장 이상적인 것은 조금이나마 아이에게 정리할 수 있는 싹수가 보이기를 기다렸다가, 스스로 정리 능력을 향상시켜가는 것을 지켜보며 조금만 도와주는 것이다.

그러나 아이는 제목 외엔 뭘 적어야 하는지, 뭘 들어야 하는지 아무 개념도 생각도 없다. 결국 내가 나섰다. 방송 내용을 요약 정리하는 걸 가르치고, 습관화를 노린 의도였는데, 실효를 거두려면 뭐 초등학교 졸업할 때까지 계속 해야 할 것 같다. 그냥 기다려야 했는지, 아니면 나선 것이 조금이라도 더 나은 행동이었는지, 사실 지금도 판단이 서지 않는다.

왜 자기 혼자서 알아서 못 하나. 아이 힘으로는 할 수 없는 과제였던 것인가? 아님 내 아이만 못 하는 과제인가? 학교 입장에서 보면 EBS 방송을 시청하는 태도를 생활화할 교육 과제를 내어주고, 들었다는 확인 증거물이 될 표를 만드는 것은 지극히 당연하다. 단지 내 아이가 쓰기를 싫어하고, 내용을 제대로 요약 정리할 역량이 안 될 뿐이다.

방송 마지막에 세 문장 정도로 요약 정리를 해주기는 하지만, 그것도 좀 빠르다 보니 받아 적지 못한다. 그리고 그 문장만 적으라고 하면, 앞부분을 들을 때 태도가 불량해진다. 참 쉬운 것이 없다.

그 외 학교에서 내준 몇 가지 과제가 있는데, 아들은 학습지 푸는 거랑 피아노 레슨, 그리고 영어 학원을 다니는 것만으로도 충분히 과제 완수 조건을 채운다.

아이의 문장 교육을 생각해본다. 말과 글로 먹고사는 나도 고등학교에 진학해서, 자아 의식이란 것이 생겼을 때 즉 사춘기를 지나면서 할 말이 생기고 내 글을 쓸 수 있게 되었다. 그리고 처음—중간—끝에 대한 개념이 있으니 글이 상대적으로 논리적이었다. 그것에 감성이 조금만 추가되니 고등학교 이후 난 글을 잘 쓰는 학생이 되어 있었다.

그러나 그전까지는 정말 단 한 번도 글짓기를 잘한다는 말을 들어보지도 못했다. 중학교까지 독후감은 무조건 책 뒤에 있는 줄거리 요약본을 그대로 베낀 후, '참 재미있었다'라는 문장 하나로 끝낸 기억이 지금도 선하다. 일기는 그냥 그날 한 일들을 문장으로 쭉 나열했고, 변함없는 하루의 일상의 반복 속에서 뭘 적어야 하나, 항상 고민했던 기억이 든다.

모든 것은 개인마다 적절한 때가 있다. 학교 교육은 현실적으로 그 개인차를 인정할 수 없기에, 일반적인 형식과 틀을 강요할 뿐이다. 그러한 형식과 틀도 중요하긴 하다. 그냥 부모가 그 일반적인 교육의 형식과 내용을 내 아이가 전부 수용하지 못한다고 다그치지만 않으면 될 것 같다.

개별적인 아이들은 전부 개성이 뚜렷하고, 기호도 모두 다르다. 아들의 친구들 노는 것을 보면 그러했다. 셋이 모이면 셋 모두가 다 다른 성향과 특성을 지니고 있었다. 그런데 교육과 문화를 통한 사회화 과정에서 그 개성들이 평준화되어서, 고등학교 졸업하면 정말 개성 있는 사람들을 만나기가 무척 힘들어진다. 남들처럼 사는 것을 더 편안해하는 사람들이 더 많은 사회가 된다.

내 아이는 수를 좋아해서, 숫자와 연관시켜 스마트폰이나 컴퓨터 화면으로 정보를 입력해주면 잘 수용했다. 다른 아이는 또래에 비해 스토리에 대한 이해 능력이 탁월했기에, 모든 것을 스토리로 엮어서 텔레비전 화면으로 정보를 입력해주면 잘 수용할 스타일이었다. 그런데 그 아이의 부모는 텔레비전을 보는 시간을 엄격히 제한했다. 또 다른 아이는 예체능에 남들보다 뛰어난 기량을 보이는 반면 수를 인지하는 데 또래보다 좀 뒤처지는 면이 있었는데, 그 아이는 강요당한 것도 아니건만 부모처럼 의사가 되길 희망했다.

현재의 교육현장은 베이비붐 시대인 우리 때와는 달라서 한 반에 25명 남짓밖에 없다. 교과과정도 내용도 예전보다 다양한 내용들을 다양한 방식으로 학습하게 꾸며져 있다. 이 정도로 환경이 달라졌으면 아이들 각자의 개성을 살려가면서 가르칠 수 있을 것 같은데, 군사문화를 기반으로 한 획일적인 교육은 여전하다. 오히려 우리가 공부하던 때보다 아이들은 더 평준화되고, 더 타율적이 되어가고 있다. 왜 그런지 알 수가 없다.

우리는 누가 책을 읽으라고 해서 강요해서 읽은 적이 없고, 집에 여기저기 뒹굴고 있는 책들을 주워 읽었다. 과제는 혼자서 다 하고 남는 시간은 밖에서 미친 듯 뛰어놀면서 사회성과 문제 해결력을 길렀다. 요즘 아이들은 부모가 벽 한쪽 면을 꽉꽉 채워놓은 전집의 책들을 강요에 의해서 다 읽었다고는 하는데, 고등학생이 되어도 새로 가르치지 않으면 독해력도 분석력도 없다.

소유와 쾌락에 대한 욕망 말고, 자기 삶의 목표에 대한 고민과 인식은 부족한 정도를 넘어서 전무한 실정이다. 왜 그럴까?

가을

9월 : 재출발하는 2학기
한 번 가본 길은 익숙하다

32 신체검사 아니고 건강검진

우리가 학교 다니던 시절 신체검사는 학교에서 선생님들께서 직접 하셨다. 요즘 초등학교 건강검진은 지정 의료기관에서 정해진 기간 내에 받게 되어 있다. 뭐든 미리미리 하는 성격이지만, 아이의 건강검진은 마감을 이틀 앞둔 지금에서야 하게 되었다.

잘못은 아이에게 있다. 아이는 가정 통신문을 제대로 챙겨 오지 않는다. 안 챙겨 오는 것은 가정 통신문만은 아니다. 알림장 안 써 오는 것은 기본이고, 각종 학용품 세트와 책, 공책…… 나열하자면 정말 끝도 없다. 그래도 알림장 내용을 잘 외워 오는 것은 감사한 일이다.

부지런한 엄마 한 명이 알림장을 밴드에 꼬박꼬박 올려준다. 그래서 집에 있지 않고 밖에서 일을 하고 있을 때에도, 밴드에서 과제와 준비물을 확인해서 아이의 학교 생활을 관리할 계획을 세울 수 있게 되었다.

암튼 아이는 건강검진 가정 통신문을 챙겨오지 않았고, 건강검진을 해야 한다는 것조차 모르는 난 아무 생각이 없었다. 그런데 어느 날 톡에서 건강검진의 존재를 알게 되었고, 마감이 다 되어간다는 것을 정말 다행스럽게 마감 전에 알게 되었다.

마감 기한을 넘기는 경우, 그 뒤에 벌어질 상황은 눈에 선하다. 학교에서는 각 반 담임 선생님께 미필 학생 명단을 통보할 것이고, 100% 달성을 꿈꾸는 담임 선생님은 아직 받지 않은 학생들 아니 학부모들 때문에 언짢을 것은 명약관화의 사실이다. 초등학교 1학년 건강검진 미필의 잘못은 전적으로 학부모들의 몫이기 때문이다. 그래서 부랴부랴 시간을 내서, 아이를 데리고 건강검진 병원을 향했다.

아이는 당연히 병원 가는 것을 아주, 상당히, 엄청, 끔찍이 싫어한다. 고통을 엄청 잘 참고, 넘어져도 우는 법이 없는 아이인데, 병원이라는 공간 자체가 끔찍한 듯하다. 상상력을 제거하면, 인간은 상당히 강하고 담대한 존재인데…… 아이들은 그 상상력이 너무 뛰어난 듯싶다.

특히 내 아이는 그 놀라운 상상력 때문에 겁이 많은 편이다. 만화 캐릭터를 보는 것도 무서워하고, 숨바꼭질도 절대 안 한다. 아이들 사이에 대통령으로 불리는 뽀로로를 단 한 편도 안 봤다(아이가 두 살 때쯤 시즌 2 〈아름다운 세상〉에서 해리가 혼자 배 타고 나가다가 폭풍우를 만나 위기를 겪는 모습에 울음을 터트린 후, 내 아이는 뽀로로를 안 봤다.)

암튼 오늘 하루 무사히 검진을 마치기 위해서는 '당근'이 필요했다. 게임 칩으로 타협을 보기는 했지만, 그것이 검사받는 순간순간 어떤 효력을 발휘할지는 미지수이다. 심지어 비만으로 구분되는 경우, 피까지 뽑는다. 아이는 몸무게 미달로 분류될 것이 틀림없기에, 그거 하나는 면했다. 혈액 채취에 걸리는 엄마들, 정말 고생한다고들 한다. 안 봐도 눈에 선하다. 내 아들이 피를 뽑아야 하는 상황에서는 아마 꼼짝 못 하게 묶어놓지 않으면 방법이 없을 것이다. 암튼 정말 다행이다.

병원에 주차하고, 번호표를 뽑는다. 번호표에 제대로 흥미를 느끼는 아이를 자제시키려니, 벌써부터 전쟁이다. 병원 엘리베이터를 발견하고, 각 층마다 어떤 시설이 있는지 궁금해진 아이는 층층이 구조를 다 파악하려 한다. 아! 아들아, 제발! 여긴 병원이란다.

다행스럽게 게임 칩의 효력은 강력하다. 호기심 천국 아이를 겨우 자제시키고, 키, 몸무게, 청력, 시력, 혈액형 검사, 구강 검진, 담당 의사 면담까지 모든 과정을 무사히 그러나 쉽지 않게 끝냈다. 특히 혈액형 검사한다고 딱 한 방울의 피를 뽑는 과정은 정말 검사 과정 중 최고의 고비였다. 그래도 생각보다는 잘 한다 싶었다.

검진을 마치고 게임 칩을 사고 집으로 돌아왔다. 나중에 엄마들의 이야기를 들어보니, 4학년 때 한 번 더 받는다고 한다. 그땐 나름대로 철도 들고, 분위기도 파악되고 해서 쉽겠지 싶어서 혹시나 물어봤더니 역시나 아니란다. 그땐 힘까지 세져서 진압이 더 힘들다고 한다. 천지가 무너지는 충격이었다.

아이를 키우는 것은 장기수의 복역과 비슷하다. 그냥 하루하루의 스트레스와 고난, 딱 그것만 생각하면 된다. 미래의 고통은 상상하지 않는 것이 상책이다. 닥치면 어떻게든 다 해결되게 되어 있다.

33 개학 맞이 교실 청소

내일은 9월 1일, 아이들의 개학날이다. 기나긴 생애 첫 여름방학이 끝나고, 2학기가 시작되는 날이다.

엄마들은 방학 기간을 이른바 개학 기간이라고 말한다. 아이들이 학교에서 시간을 보내주지 않으니, 학원 가는 시간을 제외한 모든 시간을 아이들과 보내야 하기 때문이다. 특별히 뭔가를 더 많이 하는 것 같지는 않은데, 심리적인 부담이 크기 때문이지 싶다. 그래서 학부모 모임도 전면 휴업 상태에 들어간다. 그래서 일반적으로 엄마들은 아이들이 학교에 가서 그나마 여유를 가질 수 있는 개학날을 손꼽아 기다린다.

선생님과 아이들이 산뜻한 기분으로 개학을 맞이할 수 있도록, 개학 하루 전날 교실 청소를 한다. 가사노동을 거의 안 하고 사는 나로서는 참 괴로운 시간들이다. 안 할 수도 없고, 하자니 엄두가 안 나고……. 학부모 대표는 전업 주부가 하는 것이 맞다. 시간적인 측면도 그렇고, 업무 분야도 그렇다.

이상하게 이 사회는 여자들이면 당연히 가사일은 다 잘 하는 것으로 생각한다. 나이가 들어서 가사일을 잘 못하는 경우엔 교회에서도, 아이들의 학교에서도 겉돌게 되어 있다. 주로 취사, 설거지, 빨래, 청소 등은 여자들의 몫이 되는 경우가 대다수이다.

암튼 각 반 대표들의 단체 대화방에서 각자 반들이 언제, 어떤 방식으로 청소를 할 것인지 이야기를 나누면서, 우리 반도 어떻게 해야 할지 일단 선생님께 물어봐야겠다는 생각이 들었다. 모든 학급 일을 선생님께서 요청할 때까지 기다리려 했지만, 내 사정을 잘 아는 선생님께서 청소해달라고 먼저 나서실 리가 없다는 생각에 전화를 드렸다. 역시나 해주시면 고맙겠다는 말씀이다.

그래서 개학 하루 전날, 청소 가능한 분이 있는지 우리 반 학부모들 단체 대화방에서 물어보니 무려 열두 명이 가능하다고 한다. 단체 대화방에 글을 올리기 무섭게 신청하는 듯해서 대충 자제를 시켜야 할 정도였다. 대표의 입장에서 정말 감사한 일이 아닐 수 없다. 정말 단합과 참여도에 있어서는 우리 반을 능가할 반이 없다. 오전 10시 30분에 만나서 청소를 하고, 점심을 같이하기로 했다.

책상을 다 옮기고, 군데군데 먼지를 털었다. 천장의 선풍기까지 떼어다가 씻고 닦은 후 다시 조립하기까지 했다. 선풍기나 에어컨 청소는 학교에서 용역으로 다 한다.

선풍기는 천장에 달려 있어서 떼어내면 사고의 위험이 있을 수 있어서 학교에서는 못 하게 한다. 그러나 그동안 먼지가 들어갔을 거라고, 선풍기를 하나하나 떼어낸다. 하지 말라는 관리직 직원의 만류도 소용이 없다. 나로서는 상상도 할 수 없는 일들을 다들 참 잘한다. 엄마들은 약간의 먼지라 할지라도, 그것이 아이들의 머리에 떨어지는 상상만 해도 끔찍하다며 기꺼이 다 한다. 정말 지극정성이다.

암튼 나도 부족한 체력에 안 하던 청소를 하느라 빌빌거릴 때까지 보약 먹어가면서 나름대로 열심히 했다. 별 도움이 안 되었을 것은 주지의 사실이지만, 엄마들도 대충 이해해주는 분위기이다. 오히려 강제로 대표가 되어서 진짜 고생한다고 생각해준다.

청소를 마치고, 엄마들은 분식집에서 김밥과 튀김, 떡볶이 등을 먹었다. 당연히 카페로 자리를 옮겨 차도 마셨다. 이젠 모든 것이 다 익숙해졌다. 한번 만나면 무조건 네 시간 정도는 기본적으로 걸리니, 그만큼 시간 여유를 미리 마련한다.

방학 숙제가 어땠는지를 비롯해서 방학 중 생활에 대해 이야기했고, 2학기에도 파이팅하자며 서로서로 격려했다.

카페에서 다시 아파트 놀이터로 자리를 옮기니, 아이들은 신나게 논다. 건강검진 마감 마지막 날인지라, 아직 검진을 받지 않은 아이들은 병원 가는 것이 무서워 울면서 자리를 뜬다. 초등학교 1학년이면 아직 병원 가는 것이 무조건 무서울 나이이다.

참 신기하다. 저런 개구쟁이 철부지 겁쟁이 아이들이 스스로 자신의 생각을 가지고, 행동을 계획하고, 책임지는 어른들로 자라게 되는 것이 정말 신비에 가까울 정도이다. 나도 다 거친 과정일 텐데, 예전엔 미처 몰랐다. 스스로 자신의 삶을 책임질 수 있는 한 개인으로 성장하는 것에 이렇게 부모를 비롯한 타인의 도움과 공, 그리고 엄청나게 기나긴 세월이 드는 줄 정말 몰랐다.

난 그냥 처음부터 스스로 내 할 일 다 잘해서 큰 것 같은 망상은 도대체 언제부터 생겨난 것일까?

34 셀프 상장 이야기

초등학교 1학년에서 우위를 가늠하는 것은 국어나 수학 성적이 아니다. 그것이 작용하지 않는 것은 아니지만, 칭찬이나 상장과는 무관하다. 일단 초등학교에서 칭찬을 받으려면, 아이만의 자기 욕망이 존재해서는 안 된다. 선생님께서 시키는 대로만 잘 하는 어린이, 이른바 '까라면 깔' 줄 아는 아이가 그야말로 최고의 학생이다. 그리고 국어를 잘 하기보다는 '쓰기'를 잘하며, 자기 표현이 아닌 단순 그리기와 만들기 실력이 좋으면, 학교에서 주는 상장을 싹쓸이 할 수 있다.

종종 글짓기 대회와 상이 있는 듯하지만, 초등학교 1학년이 자기 생각을 가지고 문장화하고, 그것을 앞뒤 선후 관계 따져서 배치하기는 거의 불가능한 일일 것이다. 그 불가능한 일을 해내는, 타고난 재능을 지닌 소수가 있기는 하다. 그러나 대다수 아이들에겐 글짓기를 제대로 한다는 것은 정말 힘든 일이다. 일기도 문장 하나하나 엄마가 불러주지 않으면 혼자 완결시키기 힘든 것이 초등학교 1학년이다. 글이란 것은 자기 생각이란 것이 없으면, 쓸 수도 없고 써서도 안 된다.

내 아이는 쓰기가 안 되고, 싫어한다. 그리기는 졸라맨 말고는

그릴 줄 아는 것이 없다. 졸라맨도 눈, 코, 입 등 디테일이 부족한 채 그려진다. 색칠하기도 끔찍하게 싫어한다. 아이가 제출한 그림을 보면, 미니멀리즘화된 장 미셸 바스키아 작품 같다. 졸라맨 몇 그려두고, 대충 선과 무관한 색을 칠하고 싶은 데에 대충 칠하고 만다. 그나마도 잘 안 그리고 돌아다니면서 다른 아이들의 수업을 방해한다.

　위 사진은 장 미셸 바스키아의 작품으로, 우리나라 돈으로 약 422억에 낙찰된 작품이다. 우리 아들의 그림이랑 정말 유사하다. 그러나 장 미셸 바스키아는 팝아트를 대표하는 대가이고, 내 아들은 '미포자'(고등 졸업 때까지 미술 포기)이다. 유치원에서도 초등학교에서도 선생님들께서는 내 아이가 그림 그리기를 싫어한다며 나에게 대책을 요구해왔다. 그래서 난 그냥 냅두라고, 그냥 고등학교 졸업 때까지 미술은 빵점 받으면 되는 일이라고 했다.

난 왜 대한민국 국민, 아니 학생들 전체가 그림을 '잘' 그려야 하는지 이해할 수 없다. 애시당초 서열화할 수 없는 그림이나 예술적 표현 영역을 또 점수화, 서열화해서 아이에게 스트레스를 주는지 정말정말 이해할 수 없다. 아무튼 내 아이는 미술 시간마다 괴롭다. 초등학교 1학년은 그리기 시간이 많아도 너무 많다.

어쨌든 그러다 보니 상장이 뭔지, 상장이란 것을 1학년 때 주기는 하는 건지 전혀 모르고 지냈다. 그런데 내 아들이 드디어 학교에서 상장이라는 것을 받아가지고 와서 이른바 금의환향, 개선을 했다. 아들의 현실을 잘 아는 나로서는 마냥 신기했지만, 상장의 내용을 보니 발표를 잘 해서 받은 상장이었다.

사실 아이는 발표 유전자를 타고난 듯하다. 쇼 프로그램 진행자처럼 질문과 동작까지 섞어가며, 적절한 성량과 어조로 기가 막히게 발표를 한다. 그러나 그 실력이 학교 발표에까지 연결될 것이라고는 생각하지 못했었다. 그런데 얼마 전 길에서 만난 엄마 한 명이 진우가 정말 발표 잘 한다고 아이들이 이야기하더라고 했다. 학교에 보내놓고, 뭘 잘 한다 소리를 처음 듣는지라, 좀 신기했었다. 그래서 상장을 보니, 그러려니 했다.

아이는 그 상장을 복사하고, 할아버지나 이모부, 그 외에 집에 찾아오는 사람들 모두에게 자랑하는 등 난리도 아니었다. 자기 전에 상장 원본과 복사본을 확인하고, 잘 때 꼭 껴안고 자기도 했다. 그 상장을 오래오래 팔아먹으면서 여기저기서 용돈도 엄청 받아냈다. 하기야 또 언제 받을 수 있는 상장이겠냐 싶어서 하고 싶은 대로 하도록 내버려뒀다.

그런데 오늘 학교에 가서 담임 선생님을 만나, 그 상장에 대한 진실을 들었다.

지난번 교내 합창대회 때 1학년 3반이 1등을 해서, 반 전체가 상장을 받았다. 그 상장을 교실 뒷문에 붙여뒀는데, 내 아이가 그 상장을 자기 달라고 집요하게 졸라댔다고 한다. 그래서 선생님께서 1년 동안 붙여두고 2학년 올라갈 때 주겠다고 약속하셨지만, 이미 상장에 꽂혀버린 아들은 포기하지 않고 계속 밀어붙였다고 한다. 결국 선생님께서는 오늘 하루 동안 수업 시간에 돌아다니지 않고 자리에서 움직이지 않으면, 담임 선생님이 줄 수 있는 담임상을 주겠다고 하신 것이다.

아들은 그 말이 떨어지자마자 그야말로 두 시간 동안, 선생님 말씀에 의하면 "숨도 안 쉬는 것처럼" 자리에 꼼짝하지 않고 앉아 있었다고 한다. 선생님께서 프린트기 쪽으로만 가면 학 모가지를 하고 쳐다본 것만 빼면, 정말 부동의 자세로 꼼짝도 하지 않았다고 한다. 그 상장을 향한 집념과 열정에 감동하여 선생님께서 상장을 하나 출력해서 줬다고 하셨다.

선생님께서도 그 이야기를 하면서 거의 폭소 수준으로 웃으셨다. 정말 별난 놈이라고, 저런 아이를 가르치게 해주셔서 감사하다는 말씀까지 하신다.

하. 하. 하. 그러면 그렇지…… 이른바 내 평생 대통령이나 하는 셀프 훈장만 있는 줄 알았지, 셀프 상장이 있다는 것은 또 처음 알았다. 아이의 마음을 이해해주신 선생님이 무지 고맙다.

그런데 저래가지고 되나 싶기는 하지만, 근거 없는 상장은 아니라는 생각이 아주 조금 들기도 하고, 어차피 받은 거 무를 수도 없고…… 암튼 정말 특이하고 별난 놈이다.

셀프로 받아낸 상장으로 용돈이라는 부가가치까지 창출한 내 아이는 정말 대단한 놈이 아닐 수 없다. 그리고 이 상은 1학년 전체 통틀어서 받은 유일한 상이다. 만감이 교차하는, 정말 대단한 상이다.

그런데 이것도 나중에 들은 이야기지만, 다른 아이들도 상장을 무척이나 받고 싶어 한다고들 한다. 그래서 학부모가 선생님을 찾아가서 '내 아이 상장이 하나도 없다'며 상장을 달라고 요구하기도 한다고 한다. 정말 기가 차다. 상장을 받고 싶으면 정당하게 받을 수 있는 일을 하든지, 왜 변칙을 쓰는지 알 수가 없다.

그래서 선생님께서는 내 아이에게 했던 것처럼 담임상을 주려고 했는데, 그 부모들은 담임상은 상이 아니니 이른바 학교장상이나 교육감상을 요구했다고 한다. 그 대단한 상 받아서 대학 입시에 활용할 것도 아니고, 입시에 활용한다고 하면 더 문제이기는 하지만, 암튼 아무 소용도 없는 정말 종잇조각에 불과한 상을 왜 아이에게 그것도 부당한 방법으로 받게 하고 싶은지 나로서는 정말 이해할 수 없다.

상장에 대한 욕망은 백번 이해한다고 해도, 그것을 아이의 담임 선생님께 당당하게 요구하는 학부모의 뇌구조와 멘털을 어떻게 이해해야 하는지 솔직히 감도 안 잡힌다. 이제 초등학교 1학년 된 아이가 담임상, 학교장상, 교육감상을 구분할 능력은 없을 것이고, 그 상장에 대한 욕망은 아이의 욕망이 아니라 부모의 욕망이다. 사실 상장에도 종류가 있고 서열이 있다는 것을 난 그날 처음 알았다.

부모의 그릇된 욕망, 그것은 아이를 망치는 지름길이다. 그 아이가 상을 받았는지 안 받았는지는 알 수 없다. 만일 받았다면 그 아이는 상을 받는 방법 중 가장 잘못된 방법을 익혔을 것이다. 상장을 받게 된 방법과 과정을 몰랐다면 자기 환상에 빠졌을 것이다. 하나를 보면 열을 안다고, 그 부모는 아마 다른 일에도 일관성 있게 저런 식으로 행동할 것이다. 그렇다면 아이는 어떤 현실과 사실을 내면화하면서 자랄까? 실력과 노력보다 변칙과 로비가 통하는 현실을 수용하고, 내면화시키지 않을까?

그런 방식으로 자식을 학교 보내는 부모가 있는 현실이 안타깝다. 그리고 그런 부모의 아이들과 함께 내 아이가 교육받는다는 현실, 앞으로 살아가야 하는 세상이라고 생각하면 정말 갑갑하기까지 하다.

35 2학기 학부모 상담과 학부모 모임

요즘 초등학교 학부모 상담은 학기마다 신청하는 사람들만 하게 된다. 교사에게 상담은 업무에 해당하는지라, 꼭 필요한 경우가 아니면 신청이 적으면 적을수록 좋을 듯싶다. 그러나 왕개구쟁이 내 아이인 경우 상담은 꼭 필요하다. 그것도 상당히 자주 필요하다. 도대체 학교에서 무슨 일을 하면서 지내는지를 알려고 하면 꼭 상담을 신청해야 한다.

2학기 상담은 추석 명절을 지낸 후부터 실시되었다. 담임 선생님께서는 나를 보자마자 준비된 다양한 자료를 꺼내시며 말문을 여신다.

아이는 요즘 뽑기에 꽂혀서 학급에서 공동으로 쓰는 색종이를 학습에 사용하지 않고 멋대로 꺼내서 쓴다고 한다. 색종이에다가 선생님은 절대로 알아들을 수 없는 외계어들을 잔뜩 적어서 아이들에게 뽑기를 시킨다고 한다. 나중에 아이에게 물어보니 이른바 '미션'을 적어둔 거라고 한다.

선생님께서 색종이는 네 것이 아니니 사용하지 말라고 하면, 집에 많다고, 가져다놓겠다고 뻥뻥 큰소리까지 치면서 애들에게 그 뽑기 종이를 내밀면서 논다고 한다. 그것 못 하게 하니 이번엔 딱지를 접어서, 여기저기 선물이라고 돌린다고 한다. 선생님께서 그 선물 나도 받았다고 보여주신다. 정말 참 노는 것도 기가 막히게 창의적이다. 선생님께서는 감사하게도 내 아이가 너무 재밌고, 사랑스럽다고 하신다.

어쩌다가 칭찬도 좀 있었다. 지난번 급식을 나눠주다가, 내 아이 차례가 왔을 때 만두가 다 떨어졌다고 한다. 그러니 내 아이가 선생님께서 심부름 시키지도 않았는데, 자기가 급식실 가서 받아오겠다고 만두 통을 가지고 나가더라고 한다. 잠시 후 아이는 한 그릇 가득 만두를 가지고 돌아왔고, 그중 자기 몫만 가지고 자리에 가서 앉더라는 것이다. 선생님께서도, 할머니께서도 아주 신통하고 대견해하셨다고 한다. 말썽 피우는 것만큼이나 문제 해결력 또한 은근 자기 주도적이다.

그런데 신기하게도 아이들도 선생님께서도 그 별난 기행들을 별로 힘들어하시지 않는다. 이른바 도움이 필요한, 내 아이처럼 자기 물건 정리 잘 못하고 게다가 과제 수행 시 도움이 필요한 아이들이 있어서 선생님께서 누가 애들을 도와주겠냐고 물어보면, '진우야!
이리 와!' 하고 자청하는 소리가 여기저기서 나온다고 한다. 그래서
아이들의 그 맘이 좋아서 선생님께서는 감동하기도 한다고 한다.

그 외 또 여러 가지 이야기를 전해주시다가 선생님께서 요즘 내
얼굴이 정말 수척해졌다며, 자기라도 일을 덜어주겠다며 앞으로
자주 안 부르겠다고 말씀하신다. 아이가 좀 말썽을 부리더라도 적
절히 관리하겠다고 하셨다. 암튼 비교적 무사히 한 학기 상담을 마
쳤다.

2학기가 되니, 전체적으로 다 모여야 하는 학부모 모임은 없다.
요즘엔 이미 친하고 맘 통하는 사람들끼리 모인다. 나중에 학예회
마치고 다 같이 점심 먹는 것 정도의 모임 외에는 전체가 모일 일이
별로 없다.

경험해보지 못한 낯선 집단으로서의 학부모 모임은 1학기만 지
나면 다 적응되게 되어 있다. 물론 우리 반처럼 특별한 문제가 발생
하지 않는다면 그렇다.

그러나 다른 사례들을 보면, 주로 대화방을 통해서 갈등이 조성
되고, 심각하게는 전학까지 가는 경우도 빈번하다. 그리고 단체 모
임이나 준비물 구매 등에 불만을 가지는 부모가 교육청에 민원을
넣는 경우, 그야말로 학교 전체가 다소간 번거로움을 겪기도 한다.
집단의 성격을 한마디로 규정할 수 없고, 구성원들의 생각이 너무

나 다양하고 다르기 때문에 발생하는 일이다. 이런 돌발 사태는 대응이 사실상 불가능하니, 운에 맡기는 수밖에 없다.

학교 행정은 1학기가 빠듯하고, 2학기는 순식간에 지나가면서 별 행사가 없는 것은 어디나 마찬가지인 듯하다. 2학기에 반 대표가 챙겨야 할 행사는 체험학습과 학예회밖에 없다고 한다. 그쯤이야 거뜬하지 싶다.

그런데 나로서는 이번 2학기에는 시간표 조절도 실패했고, 새로 시작하는 활동들도 늘어서 개인 시간이 거의 없다. 심지어 아이의 과제를 돌봐줄 시간도 거의 없다시피 하니 큰일이다. 그러나 이 모든 것 또한 어떻게든 다 지나갈 것이다.

10월과 11월
못 말리는 우리 아들

36 스포츠 데이의 만행과 치킨 파티

　2학기에는 학교 전체 체육대회를 하지 않고, 간단하게 학년별로 스포츠 데이를 진행한다. 그렇다고 하루 종일 하는 것도 아니고, 수업 시간 두 시간 동안 학년별로 다 같이 체육 수업을 진행하는 것이다. 반별 릴레이도 하고, 다른 경기도 하고…….

　여기에 대해서는 상세히 들은 바가 없어서 쓸 내용이 별로 없다. 과묵하다기보다는 학교에 있었던 일을 집에서는 잘 이야기하지 않는 아들이다 보니 학교 행사에 대해서는 아는 것이 거의 없다. 사실

스포츠 데이가 언제인지도 몰랐다.

반 대표가 아무 생각이 없다 보니, 엄마들 몇 명이 스포츠 데이에 간식을 넣었다고 한다. 그것도 몰랐다. 그런데 스포츠 데이 때 있었던 일을 알 수밖에 없는 상황이 벌어졌다.

같은 반의 한 아이 엄마가 셋째를 출산하게 되었다. 출산이 임박해서 응원도 하고 축하도 할 겸 점심때 만났다.

젊은 사람이라 역시 체력이 좋기는 하다. 난 출산에 임박해서 식사하러 나가는 것 자체가 거의 불가능했다. 출산 전에 만나겠다고 연락 오는 사람들은 대부분 집에서 만났다. 그것도 굉장히 힘들고, 부담스러웠다. 안 그래도 약한 몸에 39세 초산이었던 나는 마지막 달엔 거의 누워 지냈다. 사람 온다고 해서 씻고 준비하는 것조차 정말 힘겨웠던 시기로 기억된다. 그런데 그 엄마는 위에 두 딸도 다 챙겨주고, 이렇게 식사를 하러 나오기도 한다. 한 살이라도 어렸을 때 출산, 육아를 해야 한다는 말은 진리 중 진리이다.

암튼 그 식사 시간에서 스포츠 데이에 내 아이가 어떤 사고를 쳤는지를 상세히 듣게 되었다.

스포츠 데이에 반 전체가 릴레이를 하게 되었다고 한다. 내 아이는 못 뛰는 건지, 안 뛰는 건지 구별은 안 되지만, 암튼 1학기 체육대회 달리기에서 꼴찌를 했다. 내 아이는 출발만 시키면 전력질주가 아니라, 마라톤처럼 천천히, 자기가 뛰고 싶은 대로 달린다. 내 아이는 승부 근성이 없고, 뭐든 즐겁게 한다. 반 전체가 달리는 상황이 아니었다면, 내 아이가 릴레이를 할 이유가 없는 것이다.

우리 1학년 3반 아이들은 단합도 잘 되고, 활기가 넘치고, 승부욕도 강하다. 단연코 1등으로 달리고 있었는데, 내 아이가 배턴을 이어받고는 '깡총깡총' 두 번 뛰고 뒤돌아보며 '히히히' 웃고, 이것을 반복하며 달려 나갔다고 한다.

승부욕 거의 없는 나도 릴레이만큼은 어디선가부터 올라오는, 그러다가 서서히 끓어오르는 기운이 전달되던데⋯⋯. 그 절체절명의 순간에 내 아이가 '깡총깡총' 이러면서 웃고 있었다니. 속이 타들어간 반 아이들이 "진우야! 빨리 뛰어!" 하면서 난리도 아니었는데, 아들은 그 아이들을 바라보면서 뛰기는커녕 춤까지 췄다고 한다.

보다 못한 2반 선생님께서 아이의 등짝을 밀면서 빨리 뛰라고 해서 다시 뛰기 시작했지만, 1등으로 달리던 우리 반이 꼴찌로 쫘악 밀려난 것은 말하지 않아도 알 수 있는 사실이었다.

뒤에 배턴을 이어받은 아이들 중 가장 잘 달리는 ㅇ과 ㅌ의 활약으로 그나마 3등으로 마무리 지었다고 한다. ㅇ과 ㅌ이 정말 대단하다.

이 말을 전해주는 엄마, 듣고 있던 나⋯⋯ 모두 잠시 어이 상실과 이후 폭소⋯⋯ 정말 내 아이가 아니면 할 수 없는 만행이다. 아이들의 속이 얼마나 타들어갔을까를 생각하면⋯⋯ 내 참 할 말이 없다.

식사 마치고, 하굣길 아이를 데리러 학교에 갔다. 담임 선생님께서 나를 보시고, 아들의 그때 그 만행을 세 번이나 재현하시면서 깔깔 웃으신다. 2반 선생님께서도 나와 아들을 번갈아 보시고는 슬쩍웃고 가신다. 하기야 30년 넘게 교사 생활하면서 이런 경우는 처음이라고.

집에 와서 물었다. 왜 그랬냐고. 아이는 캥거루 달리기를 했다고한다. 아이가 누굴 닮았는지 알 수가 없다. 남들이 다 하는 것, 남들과 똑같은 행동은 거의 안 한다. 일단 규칙을 알면, 딱 한 번은 규칙대로 하지만 바로 그 규칙을 자기 생각대로 변형시킨다. 변형시킨규칙을 살펴보면, 지난 것보다는 훨씬 '재미' 있다.

내 아이의 모든 행동의 동력엔 바로 그 '재미'가 있다. 재미있어야 공부도 하고, 놀이도 한다. 그 '재미'가 없으면, 안 하기보다는변형시켜서 만들어낸다. 모두 다 전력질주로 달리는 릴레이를 보면서 '재미'를 느끼지 못했고, 혼자 캥거루 달리기로 규칙을 변형시킨 것이다.

이해는 되는데, 아들아… 넌 네가 무슨 짓을 했는지 알고는 있냐? 구성원의 동의를 얻지 못하는 규칙 변형은 폭력적일 수 있다는말로 훈육을 대충 마무리했다. 뭐, 지금 말해봐야 얼마나 설득력 있을까 하는 회의와 무력감이 확 느껴진다.

그런데 속으로는 내 아이가 잘못했다는 생각보다, 기특하다는 생각이 드는 것은 또 무엇인지……. 난 저런 내 아들이 정말 맘에 든다.

결국 난 1학년 3반 아이들의 상심한 마음을 치킨파티로 달랠 수밖에 없었다. 학부모 단체 대화방에도 사과의 글을 올렸다. 엄마들은 모두들 덕분에 너무 재밌게 웃었다고, 오히려 고맙다고 했다. 릴레이 1등한 것보다, 아이들에겐 두고두고 이야기할 수 있는 추억거리 하나 생겼다면서 다들 좋은 말들을 전해준다.

하기야 초등학교 1학년이니 용서받을 수 있는 에피소드이다. 고학년이었다면 문자 그대로 몰매감이다. 그래도 너그러이 재미있게 수용해준 엄마들과 아이들에게 감사할 따름이다.

금요일 10시 30분, 1학년 3반에는 사연 그득한 치킨이 아이들 품에 하나씩 안겨 있었다. 그런데 그걸 두고 내 아이의 발언이 참 가관이다. "다들 체육대회 하느라 수고들 했다!" 이러면서 돌렸다고 한다. 물론 이것도 다른 학부모들에게 전해들은 말이다. 왜 엄마가 치킨을 돌려야 했는지, 자기는 누구인지, 여긴 어디인지 이른바 주제 파악 못 한 자만이 할 수 있는 말이다. 암튼 후일담으로 인한 웃음까지 깨알같이 챙겨주는 아들이다.

37 부모가 써줘야 하는
학교신문

 학교신문이란 것이 있었다. 교장 선생님과 학부모 대표가 글 한 편 쓰고, 나머지는 대충 각 학년 학생들의 시나 글, 그림 등을 엮어서 만든 신문이다. 아이의 담임 선생님께서 학교 신문과 관련해서 전화를 하셨다. 반별로 글을 한 편씩 내야 하니, 아이가 쓴 일기나 시 같은 글을 한 편 제출하라고 하신다.

 글짓기는커녕 문장 하나도 제대로 못 만드는 아이에게 무려 '시' 씩이라니, 진짜 소가 웃을 일이다. 말씀하시는 선생님께서도 내용 전달 끝에 웃으신다. 뭐 대충 알겠다. 노련하신 분이라 직접 말씀은 안 하시지만, 아이의 실력을 잘 아시는 선생님께서 내가 적절히 도와서(?) 아니면 써서 한 편 만들어내라는 말씀이신 게다. 1, 2학년 과제는 부모의 과제라고 하더니…….

 내 아이가 또래보다 언어적·생활적 측면에서 많이 늦된 것은 사실이다. 그러면 학교신문에 실리는 다른 아이들의 시나 글, 그림은 전부 자신들이 다 쓰고 그린 것일까? 설마! 그 누구의 도움을 받지 않고 아이의 실력으로만 만들어진 작품이 게재되는 경우는 드물지 않을까? 초등학교 1, 2학년의 과제들은 학교에서의 그 많은 시간들을 충분히 활용해서 해결해야 하는 것 아닌가 싶다.

준비물도 상당한 부담이지만, 나름대로 아이에게 교육적 측면이 있어서 십분 이해하고 긍정한다. 스스로 내일 일정을 챙겨보고, 준비할 것을 미리미리 생각하는 습관은 정말 중요하다고 생각하기 때문이다. 그런데 과제는 다르다. 혼자 할 수 없는 과제들은 학교에서 내주면 안 된다. 과제가 아이의 능력 범위를 넘어서는 경우, 자기주도력을 상실하고 부모에게 의존적인 아이로 자라게 된다.

내 아이가 중학교 갈 때쯤이면 고2까지 수행평가가 100%를 차지하게 될 예정이라는 놀라운 정책을 정부가 내어놓는다. 이건 뭐 글짓기 못 하고, 그림 못 그리고, 발표 못 하면 끝이란 말이다. 차라리 시험이 낫지, 이게 뭔 날벼락인가 싶다. 내 남은 인생 하나뿐인 아들의 과제 뒤치다꺼리하게 생긴 거 아닌가.

미래에는 인공지능이 단순 암기나 계산 등을 모두 해결하게 되고, 인간에게 주어진 영역은 각 분야의 크리에이티브가 되어 심화된 사고력과 분별력을 발휘하는 것이다. 그러니 미래에는 지금과 같은 학습 영역이 별 의미가 없을 수도 있다는 말에 십분 이해하고 공감한다. 그래서 수행평가와 같은 형식의 새로운 학습 과정 및 평가 방식이 중요하다는 것도 공감한다.

내가 불안해하는 것은 교사들의 자질과 능력보다 '끈'이 중요한 대한민국의 문화로 인해 공정한 평가가 이루어지기 힘들다는 현실 때문이다. 수행평가가 특정 능력에만 치우치지 않고, 그 과목에서 요구하는 학습 목표를 달성할 수 있는 내용들로 과연 채워질 수 있을 것인가가 의문스럽다.

또한 수행평가는 전적으로 교사의 주관적 평가에 의해 채점이 이루어진다. 사돈의 팔촌의 친구까지 동원해서 청탁이 들어오지 않을 수 없다. 그럴 때 과연 공정하고 객관적인 평가를 내릴 수 있는 사람이 도대체 몇이나 되겠는가.

게다가 대한민국 학부모들이 가만히 있지 않을 것이다. 수행평가는 학생의 역량이 절반, 학부모의 역량과 재력이 절반에 의해서 서열화될 것이 불 보듯 뻔하다.

모든 것을 학교에서 다 하도록 하면 되지 않냐고? 현실적으로 불가능하다. 학교에서 하라고 하면 학생들은 집에서 미리 과제 분량을 마르고 닳도록 암기하고 연습해서 수업 시간에 재연하려고 할 것이다. 매일같이 수업이 있는 국, 영, 수 주요 과목들도 불가능한데 일주일에 한두 시간 있는 과목들은 어떻게 하는가. 대학에서 하는 것처럼 조를 짜서 팀플레이로 해야 할 과제도 있고, 개인 과제도 있는데, 아이들이 이걸 모두 감당할 수 있을까?

대학도 한 학기당 8과목 이상 넘어가면 힘들다. 그중 5과목 정도가 두 개의 과제를 요구한다면 그 학기는 정말 죽음이다. 나머지 3과목에서 '귀인' 교수를 만나 시험만 치고 넘어가주면 다행인데…… 만일 전 과목에서 과제가 나간다면, 그걸 해낼 수 있는 학생들이 있을까?

그래서 대학에는 '리포트월드'라는 곳이 있다. 인터넷에서 주제 치고 검색하면 한 편당 500원 정도에 과제물을 구입할 수 있다. 대학생뿐만 아니라 대학원생들도 즐겨 애용하는 곳이라고 들었다. 그걸 알면서도 난 채점할 때 학생이 리포트월드나 검색포털을 활용해서 표절한 건지 아님 자기 스스로 한 것인지 검토한 적이 없다. 그런 곳에서 복사해 왔을 것이라고는 생각하지 않기 때문이기도 하지만, 물리적으로 검증할 시간이 부족하다. 한두 건도 아니고, 그것을 어떻게 일일이 다 검토하겠는가. 간혹 어휘 선택이나 문장, 내용이 너무 뛰어나거나 다른 사람과 겹치면 혹시나 싶어 검증해보기도 하지만, 대부분은 일반적으로 검증이 불가능하다.

중고등학교 교사는 1인당 학생 수도, 잡무도 대학교수보다 훨씬 많다. 어쨌든 학생들이 과제를 리포트월드나 아니면 타인의 손으로 해결하는 경우, 그것을 일일이 검토하고 점검할 수 있는 교사는 없다.

수행평가는 전적으로 탁상행정이고, 이상론이다. 정말 대한민국에서 살아날 수 있는 방법은 대안학교나 검정고시뿐인가 하는 생각을 안 할 수 없다.

결론은 학교 신문에 실리는 아들의 글을 100% 다 내가 써서 보냈다는 것이다. 초등학교 1학년이 구사할 수 있는 어휘와 문장, 구성 등을 고려해서 누가 봐도 좀 잘 쓴 초등학교 1학년의 글로 보이게 적당히 써서 보냈다.

내 아이는 그 신문을 집에 가져오지도 않았다. 관심도 없고, 그것이 무엇인지 개념도 없다. 글 잘 썼더라는 다른 부모들 칭찬에 내가 썼다고 할 수도 없어서 영화 〈25시〉 마지막 장면에 나오는 앤서니 퀸의 쓴 웃음을 웃었다. 이 무슨 코미디인지…….

38 자유와 자율 사이, 농촌 현장체험학습

배산으로 가을 농촌 체험 학습을 간다고 한다. 학교에서 30분쯤 걸리는 곳이어서 버스를 대절해서 간다. 사전에 학교에서는 설문지를 돌렸다. 한 반에 한 대씩 타고 가면 총 여섯 대의 버스가 필요하고, 반 구분하지 않고 꽉 채워서 타면 총 네 대가 필요하다. 비용 측면을 보면 당연히 네 대가 좋지만, 관리의 효율성을 따지면 여섯 대가 좋다.

이런 부분을 학교에선 스스로 결정하지 않고, 일일이 학부모에게 물어본다. 워낙 다양한 성격과 성향을 지닌 학부모들인지라, 뭔가 자신의 맘에 들지 않으면 교육청에 바로 민원을 넣기 때문이다. 대절할 버스 수까지 물어봐야 하는 학교의 입장에 참 짠하다.

담임 선생님께 이번 소풍에 뭐 준비할 것 없냐 물어봤지만, 역시나 없다고 하셨다. 그래서 맘 편히 있었는데, 같은 반 엄마에게서 전화가 온다. 선생님 도시락은 자기가 준비할 테니, 기사 아저씨 간식이나 떡 같은 거 맡아달라고 한다.

선생님께서 괜찮다고 하시는데 왜 저러나 싶기도 했다. 그런데 의무라고 생각하면 이해되지 않지만, 인정과 인간적 측면을 생각하면 은근히 당연하게 여겨지기도 하다. 물론 버스 대절 비용에 운전 기사 아저씨들 식사와 간식비도 포함되어 있겠지만, 그래도 뭔가 성의를 표하는 것이 서로서로 좋은 일이 아닐까 싶은 것이다. 그런데 이런 생각들이 굳어지면 관행이 되는 것은 아닌지……. 그러나 수고하시는 아저씨들에 대한 마음이라고 생각하면서 어젯밤 11시에 편의점에 들렀다. 도시락은 준비 못 하니, 떡이라도 드시라고 이것저것 챙겼다.

아침 일찍 일어나서 애들 버스 타는 거 보면서 잘 다녀오라고 손 흔들어줬다. 다들 바쁜 아침 시간에 머리도 제대로 말리지도 못한 채 나타난 모습들이다. 애들이 떠난 후, 배웅 나온 엄마들끼리 빵을 좀 사 가지고 와서 우리 집에서 잠시 커피 타임을 가졌다.

이것으로 끝나나 싶었는데, 아이가 체험학습에 가서 또 사고를 쳤다고 한다. 혼자서 경운기를 몰고 가지를 않나, 탈곡기를 작동시키지를 않나……. 그러고도 남지 싶다. 기계에 유달리 관심 많은 자유로운 영혼이 농기계를 그냥 지나쳤을 리가 없다. 선생님께서도 사고 안 난 것이 정말 다행이라고 하셨다.

대다수의 아이들은 선생님의 말씀을 잘 듣는다. 부산대학교에는 부설 어린이집이 있다. 꽃 피는 봄이 오면 어린이집 아이들이 단체로 학교에 놀러 오곤 한다. 대학교 안은 사실상 엄청 위험하다. 차량의 통행도 무지 많고, 주차난이 심해 여기저기 불법 주차한 차량들이 장난 아니고, 학생들이 타는 스쿠터 등등도 엄청 다닌다. 그위험한 곳에 아이들을 풀어놓고 봄을 즐기는 모습을 보고 있자면 여러 가지 생각이 든다.

일단 별다른 사고 없이 자율적으로 화단에서만 놀고 있는 아이들이 신통하기도 하고, 내 아이가 만일 저 가운데 있다면 틀림없이 혼자서 뛰쳐나가 쏘다닐 텐데…… 하는 생각에 아찔하다.

어쨌든 세상에는 소수이긴 하겠지만 내 아이와 같은 아이들이 있다. 질서나 규칙, 약속을 지키기보다는 자신의 욕망이 먼저이고, 그것을 말로 전달하기보다는 몸이 먼저 움직이는 스타일이다. 그래서 단체 체험학습이나 수련회 등을 도저히 보낼 수가 없다.

지난번 제주도에 갔을 때에도 내가 1박만 하고 먼저 돌아오자마자 에코 공원에서 친정 식구들이 아이를 바로 잃어버렸다고 했다. 내 아이는 에코 공원 내부 순환 열차가 무척 타고 싶었던 것이다. 어른이 무려 네 명이나 있었는데, 표를 사느라 아이에게서 잠시 시선을 뗀 사이에 아이가 생판 남인 다른 부부를 따라 열차에 오른 것이다. 물론 공원 내부였고 사람들이 많지 않은 평일이라서 금방 찾기는 했다지만, 정말 아찔한 순간이 아닐 수 없다.

　　아이를 키우면서 자주 드는 생각 중 하나가, 공부를 잘하는 아이로 자라는 것은 고사하고, 사지가 멀쩡한 사람으로 성장하는 것도 참 쉬운 일이 아니겠다는 것이다. 저 타고난 운명이 있겠지, 하늘이 보호해주시겠지…… 하는 근거 없는 믿음으로 하루하루 산다.
　　혹자는 노키즈존 운운하면서, 애들은 가르치기 나름이란 말들을 한다. 나도 한때 그랬다. 레스토랑 같은 곳에 와서 아이들 돌아다니게 내버려두는 부모들을 이해하지 못했다. 아이는 그럴 수 있다. 그러나 부모는 그런 아이를 말려야 하지 않나. 그것이 불가능하면 데리고 와서는 안 되는 것이 아닌가.
　　그러나 지금은 그런 생각 하지 않는다. 물론 부모가 개념이 없는 경우도 있겠지만, 아무리 가르쳐도 안 되는 아이가 있다는 것을 잘 알기 때문이다. 물론 안 가르쳐도 알아서 잘 하는 애들도 있고, 가르치거나 협박하거나 미끼를 주어 달래면 말을 듣는 아이들도 있다. 그러나 내 아이 같은 아이도 있다. 지금 당장은 절대로 불가능하고, 언젠가 오게 될, 가르치면 알아듣고 행동을 고칠 수 있는 시간을 기다릴 수밖에 없는 경우도 있다.

그래서 난 아이를 레스토랑은 물론 일반 대중식당에도 거의 데리고 다니지 않았다. 조금이라도 민폐가 될 만한 곳은 아예 출입하지 않았다. 그나마 친정 부모님을 비롯한 여러 사람들의 도움으로 그렇게 할 수 있는 상황인 것에 감사할 따름이다. 도움받을 곳이 적당하지 않아서 어딜 가나 무조건 아이를 데리고 다녀야만 하는 상황이었다면, 정말 답이 없었을 듯하다.

유치원 들어가면서 아이는 조금 나아졌고, 학교 가서는 많이 나아졌다. 그러나 아직도 멀었다. 지금 내 아이를 사회 규범과 상식에 맞는 행동을 강요하며 강화에서 폭력까지 모든 수단을 다 동원해 훈육하더라도 목표에 결코 도달하지 못하고, 아이에게 씻지 못할 상처만 남길 뿐임을 확신한다. 그래서 나는 아직도 집중력 발휘도, 욕망의 자제도, 기다림도 가능할 내 아이의 '그때'를 기다리고 있다.

그리 멀지 않았음도 감지된다. '그때'까지 제발 지금같이 아이를 이해해주는 선생님을 만나기를 간절히 소망할 뿐이다.

겨울

39 1년 교육의 총결산, 아이들만의 학예회

　다른 학교들은 보통 체육대회와 학예회를 격년제로 번갈아 개최한다. 그러나 내 아이가 다니는 학교는 매년 1학기에는 체육대회와 학년별 합창대회, 2학기에는 미니 체육대회(스포츠 데이)와 학예회를 개최한다.

　내가 초등학교를 다니던 때를 되짚어봐도, 기억나는 것은 운동회나 합창대회에 나갔던 것, 어린이 방송에 출연했던 것 같은 과외활동들뿐이다. 그래서 행사가 많으면 선생님들과 학부모들은 번거

롭지만, 아이들에겐 좋은 추억이 될 듯해서 그러한 학교 행정을 적극적으로 환영하는 편이다.

이른바 학예회는 학원들의 발표회라는 말이 있다. 노래, 악기 합주, 무용, 미술 그리고 연극 등으로 이루어지는 아이들 학예회 준비를 학교에서 하는 것이 아니고 집에서 해야 하는데, 집에서 부모가 아이들을 훈련시키지 못하면, 피아노 학원이나 태권도 학원에서 다 준비해준다고 한다.

2학기의 최대 행사인지라, 심적 부담이 장난이 아니었다. 특히 내 아이는 예체능은 문자 그대로 '꽝'인지라, 뭘 해야 할지 머리가 지끈거렸다. 생각 같아서는 여름방학 동안 아이들 몇 명 모아서 연극이라도 준비시키고 싶었지만, 이래저래 방학 다 보내고, 개학해서는 정말 과제 봐줄 시간도 없는 상황이라서 아무것도 못했다.

반 대표들은 모여서 교실 꾸미는 것을 같은 파티 대행업체에 맡겨서 비슷하게 하자고 의견을 통일했다. 담임 선생님께 전화를 드렸더니, 선생님께서는 학예회 준비도, 교실 장식도 다 본인이 알아서 하시겠다는 감사한 말씀을 전해주셨다. 선생님이 시키지 않는 일은 결코 나서지 않는다는 것이 내 지론인지라, 감사하며 맘 편히 학예회 구경이나 가면 되겠다는 생각을 했다.

그. 런. 데. 내가 선생님 말씀을 그대로 받아들여서 도통 움직일

기미가 없자, 애가 탄 어느 학부모가 선생님께 직접 연락을 드리고 움직였다. 학교에서도 학예회 연습을 하지만, 다른 학부모들은 집에서 열심히 연습시킨다고 한다. 다들 참 부지런들도 하다. 암튼 요지는 생애 단 한 번밖에 없는 초등학교 1학년 학예회 장식을 선생님께서 하자고 하는 대로 내버려둘 수 없다는 것이다.

아아, 진짜 고개가 절레절레…… 왜 학부모들은 학교와 선생님을 신뢰하지 않는지. 도무지 이해가 안 간다. 어련히 알아서 하실까봐……. 초등학교 교사 생활 노하우 34년이다. 절대로 아이들과 선생님께서 교실을 보기 좋게 꾸밀 리가 없다는 학부모들의 확신 어디서 나오는 것인지 모르겠다. 솔직히 1학년 아이들은 장식이 어떠한지 관심이 있을 리가 만무하다. 다 엄마들의 자기 만족, 대리 만족이다. 자신들이 예쁘게 꾸민 무대에서 자기 아이들이 노래하고 춤추는 걸 보고 싶은, 자신의 욕망일 뿐이다.

나중에 선생님께서 말씀하시기를, 그때 양보하면 안 되는 거였다고 후회하셨다고 한다. 그런데 비혼인 선생님께서 무대 꾸미는 것을 거절하면 행여 자식이 없어서 저런다는 말이 나올까 봐 그냥 허용하셨다는 것이다.

결과적으로 학부모들은 내게 연락이라기보다는 통보를 해왔다. 물론 배려임을 잘 안다. 암튼 자기들은 선생님께 갈 건데, 같이 갈거냐고. 그 시간대에 다른 일정이 있어 못 간다고 했다. 원래 난 맡은 바 책임감 강한 스타일인데, 반 대표로서 역할을 제대로 못 하고 있다는 생각에 은근 스트레스를 받는다.

엄마들은 그날 학교에 줄자까지 가지고 가서 치수 다 재고, 계획 다 세우고, 그 다음 날 장을 보러 간다고 한다. 그래서 다음 날 교실 장식 재료 쇼핑에는 나도 따라 갔다.

부산대학교 앞 대형 문구센터엔 정말 별의별 것이 다 있었다. 몇 십 년 넘게 내 청춘을 다 바쳐 다니고 있는 학교인데, 그 대형 문구점은 첨 가봤다. 정말 신세계이다. 덕분에 아주 좋은 구경 했다. 쇼핑을 마치고 점심도 내가 가본 적 없는 맛집으로 간다. 문구 제품과 식후 커피, 디저트 계산은 내가 했다.

실제 교실 장식하는 날도 30분 정도밖에 시간이 되지 않아서, 떡이랑 음료수 대충 챙겨가서 청소하는 흉내만 내다가 돌아왔다. 역시 책임을 다하지 못했다는 죄책감이 확 밀려온다. 이렇게 먹는 걸로 때워서 되는 건지. 자고로 몸 쓰는 일은 안 하고, 돈으로 때우는 사람은 밉상 그 자체인데……. 내가 해야 할 일을 남에게 떠맡겼다는 생각에 맘이 무겁다. 담부터 절대 반 대표는 안 해야겠다고 결심한다. 임원에게는 해도 되고 안 해도 되는 선택권과 권리가 있는데, 반 대표에게는 무조건 해야 하는 의무만 있다.

학예회 당일, 다른 반은 풍선을 이용해서 아기자기 꾸몄다. 우리 반은 기본적으로 선생님께서 이미 준비해놓으신 틀에 엄마들의 센스 있는 액센트가 추가되어 심플하고 단출하지만 세련된 꾸밈이다. 준비 과정이 좀 요란하다는 생각은 들었지만, 결과적으로 우리 반 장식이 맘에 든다.

학예회 자체는 정말 경이로웠다. 역시 노련한 선생님, 정말 대단하신 분이시다. 사회자가 세 명, 피피티와 음향을 이용한 진행, 연출자 네 명에 의해 출연자의 대기 및 공연까지 완벽하게 1학년 아이들이 자신들의 힘으로 이루어내는, 정말 물 흐르듯이 자연스럽고 완벽한 학예회였다. 저 개념 없고 정신 없는 1학년 아동들을 어떻게 저렇게 완벽하게 훈련, 아니 조련할 수 있었는지…… 정말 감탄이 절로 나왔다.

한 시간 동안 진행되는 아이들의 공연은 나름대로 재밌었다. 내 아이는 태권 댄스랑 합창, 그리고 피피티 진행 및 음향을 담당하고 있었다. 어디서나 대장 노릇을 하는 내 아이가 "얘들아, 너희들 박자가 조금씩 느려!" 이러면서 좀 과하게 나서자, 선생님께서 아이에게 귓속말로 충고하는 것까지도 참 맘에 든다.

학부모들은 즐겁게, 아이들과 하나가 되어 박수치고 응원하면서 학예회를 즐겼다. 이렇게 무사히 학예회도 넘겼다. 이젠 정말 더 이상 행사가 없다.

각 반 대표들 모여서 서로서로 일 년 동안 수고했다며 기뻐했다. 학예회 마치고 다들 선생님들 간식을 이래저래 잘 챙겨서, 오후에

성대한 시간이었다고 선생님들께서 감사하다는 말씀을 전해주셨다. 절대 다수가 첫째들인지라, 경험도 없고 경황도 없이 대충대충 보냈다. 그래서 오히려 현 교육감의 의지대로 그런대로 청렴한 일 년을 보냈다고 자부했다.

사실 내 친구들이 자식들을 초등학교 보낼 때만 해도 촌지와 관련된, 웃지 못할 실제 상황, 루머(거짓) 아닌 루머(소문)가 심심찮게 들려왔었다. 첫 상담 때 기본 석 장(30만 원), 좀 살면 다섯 장, 아님 빡세게 큰 거 한 장(100만 원) 부터 시작해서, 운동회나 소풍 때면 목욕비, 틈틈이 간식비까지……. 생각만 해도 참 끔찍하다. 물론 그 시대의 조류에 호응하지는 않았겠지만, 얼마나 속이 시끄럽고 갈등의 연속이었겠냐고.

지금은 학교에서, 그리고 교사가 학부모에게 요구하는 것은 정말 하나도 없다. 그러나 이미 그 전 촌지 문화에 익숙해져 있는 학부모가 더 문제이다. 학교는 오히려 학부모 관리에 고심하는 모습이었다. 제발 모이지 않았으면, 제발 학교를 믿고 너무 많은 관심을 표명하지 말았으면, 제발 학교와 교사가 하는 말들을 액면 그대로 수용했으면, 하는 모습이었다.

풍문에 의하면, 이 와중에도 학부모에게 뭔가를 요구하는 교사들도 있다고 한다. 그러면 학부모들은 앞에서는 '예, 예' 하고 100%

지지하는 듯하면서, 뒷담화가 장난이 아니다. 정말 교사들은 연예인들이었다.

학부모들은 학교교육 간섭하기 전에, 자신들이 가정에서 가르쳐야 할 것 제대로 가르치는지 먼저 되돌아봐야 한다. 한마디로 "너나 잘하세요"이다. 학교교육은 교사가, 가정교육은 부모가. 전문화, 특화, 분업화, 세분화는 교육에서도 꼭 필요하다. 서로의 영역을 존중하고, 신뢰하고, 협력하여 아이들이 균형 잡힌 교육과 관심 속에서 자라나길 희망한다.

40 또다시
개학 후 청소

초등학교는 개학날 하루 전에 학부모들이 가서 미리 청소를 해야 한다. 특히나 이번 겨울방학 때는 창문틀 교체 공사를 했기 때문에 교실이 그야말로 엉망이라고 한다. 공사업체에서 청소를 대충 해놓겠다고 했다지만, 그걸 믿고 청소를 안 할 엄마들이 아니다.

개학 전날 청소하겠다고 열 명 남짓 모였다. 금요일 오후에 교실에 가보니 아직 공사가 마무리되지 않아서 청소를 할 수 없었다. 어쩔 수 없이 주말에 다시 모여 청소를 해야 하는데, 평일은 몰라도 가족과 지내야 하는 주말 시간에 청소를 하겠다는 사람이 없었다. 난 주말에 공적인 스케줄이 많기도 하고, 가사일은 안 해본 내가 교실 청소를 한다는 것은 불가능하다. 결국 청소업체에 연락해서 입주청소라고 생각하고 해달라고 의뢰했다.

보통 학교 일에 업체를 시키면 구설수에 오른다고들 한다. 그러든지 말든지, 사람들 남들에게 참 관심 많다. 학부모뿐만 아니라 가부장을 중심으로 하는 가정문화 그리고 대한민국의 이른바 집단문화는 일이나 사건에 있어서의 옳고 그름이나 효율성과 비효율성, 공평과 불평등 등을 따지지 않는다. 그냥 지금까지 해오던 방식이나 다수가 하는 방식이 무조건 기준을 넘어서 '옳은 것'이 된다. 그리고 '다른 것'은 아무리 효율적이라고 해도 '틀린 것'이 된다.

청소하시는 분들께 나름 비밀을 유지해달라고 부탁했지만, 학부모 사회에 그런 것이 통할 리가 없다. 그리고 또 어떻게 보면 그냥 '그랬다고 하더라'라는 말은 소문일 뿐인데, 받아들이는 사람들이 예민하게 반응할 수도 있다. 그냥 가치 평가 없이 사실을 이야기하는 것인데, 듣는 사람이 민감하게 받아들일 수도 있다는 것이다. 아무튼 구설수 따위는 안 들으면 좋겠지만, 피하지 못할 상황이라면 별로 두렵지도 않고, 신경 쓰이지도 않다. 그래서 그냥 청소업체를 시켰고, 덕분에 편하게 하나의 사건을 넘겼다.

41 2월의 공백과 열성 학부모들

개학 이후 2월 배식 문제가 언급되었다. 물론 이 문제도 학교나 선생님이 아닌 엄마들이 먼저 생각해서 제기한 것이다.

2월에는 급식을 도와주시던 공공근로 할머니들께서 나오지 않으신다고 한다. 교통 지도와 급식을 도와주시는 분들은 계약직이다. 법적으로 계약직이 일정 기간 이상 근무하게 되면 정규직으로 전환해야 된다고 한다. 그래서 학교에서는 정규직 전환을 하지 않아도 되는 시점까지만 고용하다 보니, 2월에는 학부모들이 급식과 교통 안전 지도를 담당해야 한다. 대한민국 고용주들, '관'이든, '사'든 법망 피해서 자기들에게 유리한 쪽으로 이용하는 것에는 탁월한 능력이 있다.

난 그런 사실도 모르고 아무 생각 없이 있었더니, 이번에도 고학년 학부모들이 먼저 이야기한다. 급식 도우미 할머니들께서 안 들어오시니, 엄마들이 가서 도와야 할 듯한데, 선생님께 여쭈어보라는 것이다. 선생님께서 필요하면 어련히 요청하실까, 왜 나서서 일을 만드나 하는 생각이 든다.

뭐 처음 있는 일도 아닌지라, 선생님께 여쭈어보았다. 선생님께서는 어차피 2학년 올라가면 도우미가 배치되지 않기 때문에 학생들과 선생님들이 알아서 해야 한다는 것이다. 그래서 교육적 차원에서라도 선생님과 아이들이 어떻게든 해보겠다고, 해도 안 되면 도움을 요청하시겠다고 했다. 지극히 당연한 말씀이다. 2학년 올라가기까지는 불과 한 달, 훈련이 필요하다는 것은 누구나 알 수 있는 사실이다.

그러나 학부모들 생각은 달랐다. 절대로 아이들과 선생님들만으로 할 수 없다는 것이다. 솔직히 따져보면, 반에서 내 아이가 제일 못한다. 할머니의 과잉 보호로 아직 식탁 예절이 영 엉망이다. 그런 나도 아이와 선생님을 믿고 자율적으로 훈련할 수 있는 기회를 주고 싶은데, 알아서 잘할 것 같은 아이들의 부모들은 그렇지 않다는 것이다. 그래서 선생님께서는 오지 말라고 했지만, 무조건 가서 보겠다는 것이다. 누가 말리겠냐고…….

학부모들이 학교에 가서 선생님께 자신들이 정말로 하고 싶다고 거의 빌다시피 해서 교실에 들어가서 급식을 돕고, 청소까지 다 했다. 마치고 나서 파스타로 점심을 먹으면서 앞으로 어떻게 하면 되는지 물어보니, 선생님께서는 해주면 좋지만 부탁은 하지 않으셨다고 했다. 그러면서 계속 들어가야 한다고 주장한다. 오늘 가서 보니 애들 엉망이더라, 이러면서…….

게다가 지금까지 체육대회, 학예회, 성탄, 개학 청소, 현장체험

학습 등등 행사에 학급 임원들 중 늘 하는 사람들만 나와서 했다는 말이 나온다. 맞는 말이다. 학부모 총회에서 학급 일을 하겠다고 자발적으로 임원 명단에 이름을 올렸다면, 이렇게 무책임하게 있어서는 안 된다고 주장한다. 그것도 100% 맞는 말이다.

1학년 학부모들이 임원을 하는 경우는 대부분 아이들의 교우 관계 및 학교 생활에서 조금이라도 도움이 되기 위해서이다. 아직 사회화가 제대로 되지 않은 상황에서 시작하는 단체 생활이 학교 생활이고, 친구들과의 관계도 새로 시작하는 것이라, 행여 문제가 생기더라도 부모들 사이에 서로 아는 사이라면 일이 쉽게 풀리는 경우가 많기 때문이다. 그래서 학급 일에 관여할 수 있는 상황이 못 되는 직장맘들도 일단 임원 명단에 이름을 올린다. 난 그런 생각은 하나도 하지 못하고 총회 마치자마자 집에 왔다가 다시 불려가서 반 대표가 된 케이스인지라 그런 것을 알 리가 만무하다.

암튼 전업맘들은 학예회나 체육대회 때 월차 받고 나올 정도라면, 청소나 급식에도 나올 수 있다고… 이번 2월달 청소나 급식은 다같이 해야 한다고 주장했다.

난 프리랜서 스타일의 직장맘인지라, 아주 안 되는 경우가 아니면 대충 시간 조절이 가능하다. 그러나 잘 알다시피 직장에서 월차를 내고 싶다고 해서, 월차 내는 게 권리라고 해서 맘대로 낼 수 있는 것은 절대로 아니다. 안 그래도 직장맘들은 직장에서 관리직이 아닌 경우가 대다수이며, 아이를 키우고 있다는 이유로 이래저래 업무에 지장을 주는 것은 프로답지 못한 행위이기에 자제해야만 하는 처지다. 아이 학교의 급식과 청소 때문에 월차를 내라니, 말도 안 되는 이야기지만, 임원으로 명단에 이름을 올린 것에 대한 책임을 져야 한다는 이야기에는 200% 공감한다. 그리고 직장맘 역시 학급의 모든 업무들을 전업맘에게 맡겨놓는 게 마음 편치 않았을 것이다.

그래서 점심시간에 와서 배식과 청소를 잠시 하고 가는 것은 괜찮지 않을까 싶어서 차별 없이 당번을 정해서 봄방학 전까지 일하기로 했다. 그러면서 이 기회에 일 년 동안 아이를 보살펴주신 선생님께 감사하고 정을 나누는 것도 나쁘지 않을 것 같았다. 정 상황이 안 되면 서로 날짜를 바꾸거나, 그래도 안 되면 내가 대신 하겠다고 했다. 직장맘들도 그간 전업맘들에게 미안한 맘이 있었던지라, 기꺼이 나와서 하는 걸로 결정났다.

막상 가서 해보니 급식은 아이들과 선생님만으로 어찌저찌 될 것 같은데, 청소는 약간은 힘들었겠다는 생각이 들었다. 고학년 학부모들에게 떠밀려 한 일이기에 다소 찜찜한 구석이 있었지만, 그래도 나쁘지 않았다. 다들 별 불평하지 않고 배식과 청소를 무사히 마무리했다.

그러나 나중에 알고 보니 배식과 청소 보조는 학급 단위로는 해서는 안 되는 일 중 하나였다. 학부모 중 누구 한 명이라도 불평을 품고, 교장 선생님이나 교육청에 민원을 넣으면 선생님께서 매우 곤란해지는 일이었다. 그런 줄 알았으면, 무슨 말을 듣든지 무조건 안 된다고 했을 텐데. 선생님께서는 그때 학부모들이 너무나 간절히 하고 싶다고 이야기하길래, 자신들이 다 하는 줄 알고 하려면 해라, 이렇게 말씀하신 거라고 한다. 그러면서 '하늘이 자신을 도왔다'는 말씀을 하셨다.

학교든 집안일이든 스스로 혼자서 모두 책임질 자신이 없으면 일은 벌여서는 안 된다. 그리고 학교 일은 학교와 선생님을 믿고, 제발 학교에 맡겨야 한다. 설사 학교에서 시행착오가 있다 할지라도, 그것으로도 좋은 가르침이 될 수 있는 사안도 많다. 괜히 나섰다간 문제를 만들거나, 아이들이 자율적으로 능동적으로 일을 처리할 수 있는 기회만 빼앗고 만다. 학부모들은 학교에 관심은 두되, 관여하지 말고 인내하며 기다릴 줄 알아야 할 듯하다.

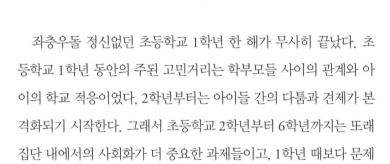

좌충우돌 정신없던 초등학교 1학년 한 해가 무사히 끝났다. 초등학교 1학년 동안의 주된 고민거리는 학부모들 사이의 관계와 아이의 학교 적응이었다. 2학년부터는 아이들 간의 다툼과 견제가 본격화되기 시작한다. 그래서 초등학교 2학년부터 6학년까지는 또래 집단 내에서의 사회화가 더 중요한 과제들이고, 1학년 때보다 문제는 더 다각화되고 심화되는 부분들이 많았다.

1학년 때처럼 내 아이의 평범하지 않은 행동을 너그럽게 받아주시는 선생님들도 몇 분 계셨지만, 어떤 선생님께서는 공개적으로 비판하고 비난하는 바람에 아이들에게까지 열등생으로 각인된 내 아이의 초등학교 시절은 상처투성이였다.

아이를 일반 중학교에 보냈다가는 끔찍한 결과가 발생할 듯해서, 예술중학교로 보내기 위해 놀이처럼 즐기던 첼로를 6학년 때 뒤늦게 본격적으로 연습시켰다. 첼로를 위해 예중을 선택한 것이 아니라, 예중을 위해 첼로를 선택했다.

예술중학교에서도 그리 쉽지는 않았지만, 대한민국에서 드물게 행복한 중학교 시절을 보내는 아이들의 관대함과 선생님들의 극진하고 진심 어린 관심으로 내 아이도 비교적 즐겁게, 무사히 보냈다. 이젠 다들 기나긴 터널을 지나서 대학입시에 전념해야 하는 고등학교 1학년이 되었다.

아이가 음악에 전혀 관심이 없어서 은근 섭섭했는데, 지금은 부모가 간접적으로 말리는데도 자기 의지로 첼로를 전공하겠다고 예고에 진학해서 밤낮 연습에 몰두하고 있다. 교사와 부모 말을 고분고분 듣던 대다수 아이들은 치열한 사춘기를 보내고 있는데, 오히려 자기 뜻대로 하고 싶은 대로 다 하고 살았던, 하루도 바람 잘 날 없었던 내 아이는 별 뚜렷한 사춘기 증상 없이 알아서 제 할 일 알아서 잘 하는 아이로 행복한 하루하루를 보내고 있다.

아이가 초등학교 시절, 나는 그애가 사회화 잘 되는 아이로 성장하면서도, 자기만의 세계와 개성을 유지했으면, 하는 모순적인 소망을 가지고 있었다. 개성과 자기 생각이 뚜렷했던 아이는 학교에서 사회화가 쉽지 않았다.

2학년 때부터 본격적인 집단 따돌림 이른바 '왕따'를 당하면서도 내 아이는 '자기'를 꺾지 않았고, 자기만의 세계와 개성을 철저하게 지켜내기 위해 고통을 감수하며 투쟁을 이어갔다. 이것은 아이의 의지가 아니라, 그냥 본성이었다. 학교에서 왕따로 힘들어하면서도, 내 아이는 다른 아이들과 똑같이 말하고 행동하는, 이른바 '우리'가 될 수는 없는 아이였다.

난 내 나름대로 최선을 다해 학교에서 내 아이의 '자기' 됨을 지켜내기 위해 노력했다. 학교에서 제대로 사랑과 관심을 받을 수 없었기에, 난 아이를 사설 오케스트라 단체에 가입시켰다. 그곳에서는 아이의 개성과 적극적 언행, 과다한 자기 표현 및 감정 표현, 엉뚱한 행동들이 오히려 환대를 받고 관심이 쏠렸다. 모든 아이들을 자기 아이처럼 생각하는 지휘자님과 학부모들의 사랑과 응원 덕분에 내 아이는 학교에서 받았던 상처를 대부분 치유받았고, 순수함과 천진난만함, 아이다움을 간직하며 성장할 수 있었다.

아이를 키우는 것에 결코 정답은 없다. 단지 참고가 될 수 있지 않을까, 그때 내가 매 순간 했었던 교육과 성장에 대한 고민을 함께 나눌 수 있지 않을까 하는 소박한 기대를 가져본다.

대한민국
초등학교 1학년
학부모 되기